ОРЧИН ЦАГИЙН
МОНГОЛ ХЭЛНИЙ СУРАХ БИЧИГ
III

# 现代蒙古语教程

（第三册）

主 编　侯万庄
编 著　王　浩　刘迪南　袁　琳

北京大学出版社
PEKING UNIVERSITY PRESS

### 图书在版编目(CIP)数据

现代蒙古语教程. 第三册 / 侯万庄主编；王浩，刘迪南，袁琳编著. —北京：北京大学出版社，2017.1

(新丝路·语言)

ISBN 978-7-301-27228-2

Ⅰ.①现… Ⅱ.①侯… ②王… ③刘… ④袁… Ⅲ.①蒙古语—高等学校—教材 Ⅳ.①H531

中国版本图书馆CIP数据核字(2016)第151621号

| | |
|---|---|
| **书　　　名** | 现代蒙古语教程（第三册）<br>XIANDAI MENGGUYU JIAOCHENG |
| **著作责任者** | 侯万庄　主编　王　浩　刘迪南　袁　琳　编著 |
| **蒙文审校** | Sh.艾格希格 |
| **责任编辑** | 张　冰　崔　虎 |
| **标准书号** | ISBN 978-7-301-27228-2 |
| **出版发行** | 北京大学出版社 |
| **地　　　址** | 北京市海淀区成府路205号　100871 |
| **网　　　址** | http://www.pup.cn　新浪微博:@北京大学出版社 |
| **电子信箱** | 编辑部 pupwaiwen@pup.cn　总编室 zpup@pup.cn |
| **电　　　话** | 邮购部 010-62752015　发行部 010-62750672　编辑部 010-62759634 |
| **印　刷　者** | 北京虎彩文化传播有限公司 |
| **经　销　者** | 新华书店 |
| | 787毫米×1092毫米　16开本　10.5印张　242千字<br>2017年1月第1版　2024年4月第6次印刷 |
| **定　　　价** | 40.00元（附MP3盘1张） |

未经许可，不得以任何方式复制或抄袭本书之部分或全部内容。
**版权所有，侵权必究**
举报电话: 010-62752024　电子信箱: fd@pup.cn
图书如有印装质量问题，请与出版部联系，电话: 010-62756370

# 前　言

《现代蒙古语教程》(1—4册)是获得北京大学教材立项、北京大学"一带一路"教材立项支持的系列综合性语言教材。本套教材以教育部颁布的二级学科亚非语言文学学科——蒙古语专业教学大纲为依托进行编写，讲授蒙古国通用的喀尔喀方言及西里尔蒙古文，可供高等院校蒙古语专业本科一、二年级使用，也可供从事蒙古语言教学和研究人员及自学人员参考和学习，对于蒙古国学习汉语者也有较大的参考价值。

本套教材有如下几个特点：

（一）考虑到教学对象为零起点的本科生，本套教材采取以蒙古语基础语法为主线，安排各课的语法与词汇，使学生从易到难，逐渐掌握蒙古语最基本的语法规则和常用词汇的编写原则。

（二）教学内容上，总结以往教学经验，努力体现出现代蒙古语语言教学的新成果，在传授蒙古语基础理论知识的同时，注意培养学生听、说、读、写、译实际应用能力的全面发展。

（三）在编写过程中，力求思想性、科学性和实用性的有机结合。课程内容题材广泛、涵盖社会生活、文化习俗、伦理道德、科技知识、政治经济、历史地理、文学佳作等多方面。选材内容健康、语言地道、词汇丰富、文笔流畅，富有时代感，努力把语言和文化要素结合起来，以语言为载体，培养学生的跨文化交际能力和思考能力。

（四）在编排上，统筹教学内容，由浅入深、循序渐进、点面结合、逐步扩展、循环往复、系统复现，以加深学生对蒙古语知识的记忆。照顾以汉语为母语的学生的学习特点，编排形式突出重点，益于学生掌握。

本套教材第一册包括10课的语音课程和8课的基础课程；第二册包括15课的基础课程，供大学一年级使用。前两册基础课程在安排上，以基础语法、基本句型、会话、课文、词汇和练习为重点，内容丰富、实用、有趣，学完两册书后，在蒙古语语音语调、基础语法知识、常用词汇和句型等方面能掌握初步应用的能力，为进一步提高蒙古语语言知识打下基础。

第三、四册分别包括15课的基础课程,供大学二年级使用。内容包括会话、课文、词汇、注释和练习。其中,练习部分增加了与主课文内容或主题相近,但语料不同的补充课文,并配有思考问答题,旨在培养和形成学生用蒙古语思维和表达的习惯。会话部分绝大部内容取材于蒙古国现当代戏剧作品,语言鲜活,时代感强,将日常社会文化生活融入对话形式中,使学生有身临其境的感觉,在极其自然的语境中学习蒙古语,为进一步学习蒙古语打下坚实的语言基础。

本套教材由蒙古国第一部大辞典编撰者Ya.策伯勒(Ya.Tsevel)的孙女蒙古国著名汉学家、蒙古国立大学科学学院人文学系Sh.艾格希格(Sh.Egshig)进行了蒙古文校对工作。此外,《现代蒙古语教程》附有音像材料,其内容为:语音课各课的听读练习,基础课各课的课文、会话、生词及部分练习中的听读练习,可供读者了解蒙古语喀尔喀方言的标准语音、语调,进行听读模仿,由蒙古国国家公共广播电台播音员B.策伯勒玛和G.阿拉坦巴根联合录制完成。

编者

2016年3月于北京大学

# 目 录

# ГАРЧИГ

第1课　НЭГДҮГЭЭР ХИЧЭЭЛ ·················································· 1
  1.1 Харилцан яриа ····························································· 1
  1.2 Унших сэдэв ······························································· 3
    БЯЛУУ ······································································ 3
  1.3 Дасгал ········································································ 5

第2课　ХОЁРДУГААР ХИЧЭЭЛ ················································ 8
  2.1 Харилцан яриа ····························································· 8
  2.2 Унших сэдэв ····························································· 10
    ӨВӨӨ ХУУЧИЛСАН НЬ ·············································· 10
  2.3 Дасгал ······································································ 13

第3课　ГУРАВДУГААР ХИЧЭЭЛ ············································· 16
  3.1 Харилцан яриа ··························································· 16
  3.2 Унших сэдэв ····························································· 18
    ИТГЭЛ ···································································· 18
  3.3 Дасгал ······································································ 21

第4课　ДӨРӨВДҮГЭЭР ХИЧЭЭЛ ············································ 24
  4.1 Харилцан яриа ··························································· 24
  4.2 Унших сэдэв ····························································· 26
    УУЧЛАХ ГЭДЭГ УХААНЫХ ········································· 26
  4.3 Дасгал ······································································ 28

第5课　ТАВДУГААР ХИЧЭЭЛ ················································· 31
  5.1 Харилцан яриа ··························································· 31
  5.2 Унших сэдэв ····························································· 33
    ЛУУВАН, ӨНДӨГ, КОФЕ ············································· 33
  5.3 Дасгал ······································································ 35

第6课　ЗУРГАДУГААР ХИЧЭЭЛ ············································· 38
  6.1 Харилцан яриа ··························································· 38
  6.2 Унших сэдэв ····························································· 40
    АМЖИЛТЫН ТҮЛХҮҮР ·············································· 40
  6.3 Дасгал ······································································ 44

| 第7课 | ДОЛДУГААР ХИЧЭЭЛ | 47 |
|---|---|---|
| | 7.1 Харилцан яриа | 47 |
| | 7.2 Унших сэдэв | 48 |
| | ЭЭЖИЙН НҮД | 48 |
| | 7.3 Дасгал | 53 |

| 第8课 | НАЙМДУГААР ХИЧЭЭЛ | 56 |
|---|---|---|
| | 8.1 Харилцан яриа | 56 |
| | 8.2 Унших сэдэв | 58 |
| | СЭТГЭЛИЙН НҮД | 58 |
| | 8.3 Дасгал | 62 |

| 第9课 | ЕСДҮГЭЭР ХИЧЭЭЛ | 65 |
|---|---|---|
| | 9.1 Харилцан яриа | 65 |
| | 9.2 Унших сэдэв | 67 |
| | ИД ШИД | 67 |
| | 9.3 Дасгал | 69 |

| 第10课 | АРАВДУГААР ХИЧЭЭЛ | 72 |
|---|---|---|
| | 10.1 Харилцан яриа | 72 |
| | 10.2 Унших сэдэв | 74 |
| | ГЭР | 74 |
| | 10.3 Дасгал | 76 |

| 第11课 | АРВАН НЭГДҮГЭЭР ХИЧЭЭЛ | 79 |
|---|---|---|
| | 11.1 Харилцан яриа | 79 |
| | 11.2 Унших сэдэв | 80 |
| | МОРИН ХУУРЫН ДОМОГ | 80 |
| | 11.3 Дасгал | 83 |

| 第12课 | АРВАН ХОЁРДУГААР ХИЧЭЭЛ | 86 |
|---|---|---|
| | 12.1 Харилцан яриа | 86 |
| | 12.2 Унших сэдэв | 88 |
| | ЭХ ҮР | 88 |
| | 12.3 Дасгал | 91 |

| 第13课 | АРВАН ГУРАВДУГААР ХИЧЭЭЛ | 94 |
|---|---|---|
| | 13.1 Харилцан яриа | 94 |
| | 13.2 Унших сэдэв | 96 |
| | ДҮГНЭЛТ ГАРГАХАД ЯАРААД ХЭРЭГГҮЙ | 96 |
| | 13.3 Дасгал | 100 |

| 第14课 | АРВАН ДӨРӨВДҮГЭЭР ХИЧЭЭЛ | 103 |
|---|---|---|
| | 14.1 Харилцан яриа | 103 |

    14.2 Унших сэдэв ·································································· 106
        ЧАМИН ӨЛГҮҮР ································································ 106
    14.3 Дасгал ········································································· 109
**第15课　АРВАН ТАВДУГААР ХИЧЭЭЛ** ································· 112
    15.1 Харилцан яриа ····························································· 112
    15.2 Унших сэдэв ································································· 116
        ЁСТЫН ЁСЧ ГЭДЭГ НЬ ························································ 116
    15.3 Дасгал ········································································· 119
**生词表　ШИНЭ ҮГС** ························································ 122

# НЭГДҮГЭЭР ХИЧЭЭЛ

```
1.1 Харилцан яриа
    1.1.1 Тайлбар
    1.1.2 Шинэ үгс
1.2 Унших сэдэв
    БЯЛУУ
    1.2.1 Шинэ үгс
    1.2.2 Тайлбар
1.3 Дасгал
```

##  1.1 Харилцан яриа

| | |
|---|---|
| Гэрийн эзэн: | Та өрөө хөлслөх гэсэн хүн мөн үү? |
| Сэтгүүлч: | Мөн, мөн. |
| Гэрийн эзэн: | Та англи хэл манай охинд зааж чадах уу? |
| Сэтгүүлч: | Би англи хэл мэдэхгүй. Испани хэл мэддэг. |
| Гэрийн эзэн: | Өө, манай охин англи хэлний жаахан дөртэй юм л даа. Тэгээд гэрийн багш хүн л хайсан юм. |
| Сэтгүүлч: | Испани хэл болохгүй юм болов уу? |
| Гэрийн эзэн: | Тэр хэрэггүй байх аа. Та хэл сонирхдог хүн үү? |
| Сэтгүүлч: | Ердөө юм бичиж, уншиж суудаг хүн. Ийм ажилд гадаад хэл хэрэг болдог юм аа. |
| Гэрийн эзэн: | Шөнө хурхирдаг уу? |
| Сэтгүүлч: | Үгүй ээ. Таг чиг унтдаг. |
| Гэрийн эзэн: | Шал угааж, хоол хийж чадах уу? |
| Сэтгүүлч: | Чадахаар барах уу? Би багаасаа тэрнийг чинь л хийж явлаа шүү дээ. Та намайг өрөөндөө суулгачихаач. Би сайн хүн. |
| Гэрийн эзэн: | Аа... Тийм бий. Би чамайг дэмжих ч хэцүү, байх ч хэцүү юм байна. |

Дахиад утасдаарай.

Сэтгүүлч:   Уучлаарай. Та намайг бодоорой.

## 1.1.1 Тайлбар

1. өрөө хөлслөх гэсэн хүн 打算租房子的人
   яах гэсэн意思是"打算如何",这里作хүн的定语。这种用法很普遍。例如：захидал явуулах гэсэн хүн（打算寄信的人）
   ус уух гэсэн хүүхэд（要喝水的孩子）

2. Манай охин англи хэлний жаахан дөртэй юм л даа.我女儿在英语方面有点门道。
   дөртэй意为在某一方面"有门道""有方法"。在口语中常用,有略谦虚的意味,表示"稍微通晓一些"的意思。
   例如：Би хоёр ахыг дагаж явсаар барилдах дөртэй болсон ухаантай.
   （我一直跟着两个哥哥,已经懂点摔跤的门道了。）
   再如：Нэлээд хэдэн сар тэр уйгагүй ажилласаар овоо ажлын дөртэй болжээ.
   （经过好几个月不懈地工作,他在工作上已经相当入门。）

3. Ийм ажилд гадаад хэл хэрэг болдог. 这样的工作需要外语。
   юунд юу хэрэг болдог相当于юунд юу хэрэгтэй.

4. таг чиг副词,无声无息地、非常安静地
   例如：Тэр хүн хөдөө яваад таг чиг чимээгүй болсон.（他下乡后就杳无音信了。）

5. Чадахаар барах уу? 何止能啊？
   барах意为"结束"。例如：ажлаа барах, нас барах等。形动词将来时用格加барах уу/барахгүй,表示"何止""岂止"的意思。例如：Энэ сэдвийг уншихаар барахгүй цээжлэх хэрэгтэй шүү.（不仅要阅读这一内容,还要背下来。）

## 1.1.2 Шинэ үгс

| хөлслөх | （动） | 出租,租借 |
| Испани | （名） | 西班牙 |
| дөр | （名） | （穿牛、骆驼鼻子用的）环,圈,鼻环；办法,门道 |
| ердөө | （副） | 素来,向来,总是,仅仅,只有 |
| хурхирах | （动） | 打鼾 |
| таг чиг | （词组） | 无声无息 |
| дэмжих | （动） | 支持,帮助 |
| утасдах | （动） | 打电话 |

# 1.2 Унших сэдэв

## БЯЛУУ

Би өдрийнхөө талхыг авахаар мухлагт ирэхэд талх арай гарч амжаагүй байв. Талхчин: "Та жаахан хүлээж байхгүй юу, талх 2-3 минутын дараа гарна" гэв.

Намайг хүлээж байх зуур нэгэн настайвтар, энгэртээ одон медаль зүүсэн, бага зэрэг доголон эр орж ирээд талхчинтай мэндлэн тороо өглөө. Талхчин түүнд өчигдрийнх болов уу гэмээр хатсан талх хоёрыг гаргаж ирээд торонд нь хийж өгөв. Би талхчингаас яагаад шинийг өгөөгүйг асуухад талхчин:

"Өөрөө хүсдэг юмаа, их ядуу болохоороо надаас тал үнээр нь авдаг юм" гэлээ.

Би " Энэ хэн юм бэ? " гэж асуухад талхчин:

"Ахмад дайчин, хүү бэр хоёроо автомашины ослоор алдчихаад хоёр нялх ихрийг нь харж хоцорсон. Тэгээд эднийгээ багахан цалингаараа өдий хүртэл тэтгэж яваа хүн дээ" гэв. Түүний яриаг сонсоод надад өрөвдөх сэтгэл төрж бага ч гэсэн тус болох юмсан гэж бодов. Тэгээд, "Зөрүүг нь би төлчихье, нэг ч гэсэн удаа шинэхэн талх идэг" гэхэд талхчин зөвшөөрөн толгой дохиод талхыг шинээр сольж өгөөд, "Ах гуай та ч азтай хүн юм аа. Өнөөдөр таны ихрүүд шив шинэхэн бялуу шиг талх идэх болно" гэв. Өвгөн баярлан талхаа авах зуураа "Бурхан чамайг ивээг хүү минь, өнөөдөр тэдний төрсөн өдөр болохыг та яаж мэдээ вэ?" гэв.

## 1.2.1 Шинэ үгс

| мухлаг | (名)(售货)小亭子,小铺子 | дайчин | (名·形)战士;善战的,尚武的 |
| талхчин | (名)面包师 | | |
| зуур | (名)瞬间,间隙 | бэр | (名)儿媳妇 |
| настайвтар | (形)年龄较大的,较年长的 | автомашин | (名)机动车,汽车 |
| энгэр | (名)衣襟,胸襟 | осол | (名)事故 |
| одон | (名)勋章 | алдах | (动)丢失,失去 |
| медаль | (名)奖章 | нялх | (形)年幼的,幼小的,娇弱的 |
| зүүх | (动)佩戴 | ихэр | (名)双胞胎 |
| доголон | (形)瘸的,跛的 | цалин | (名)薪水 |
| мэндлэх | (动)问候,问好 | өдий | (代)这样,这么 |
| тор(н) | (名)袋子,网 | тэтгэх | (动)资助,维持 |
| ядуу | (形)穷的,贫穷的 | өрөвдөх | (动)心疼,同情 |
| ахмад | (形)年长的 | дохих | (动)示意 |

бялуу　　　　　（名）蛋糕　　　　　　ивээх　　　　　（动）庇佑,保佑

## 1.2.2 Тайлбар

1. Би өдрийнхөө талхыг авахаар мухлагт ирэхэд талх арай гарч амжаагүй байв.
   当我去小商店买当天面包的时候,面包还没有出炉。
   形动词将来时加用格可以表示目的。在本句中, өдрийнхөө талхыг авахаар 是 мухлагт ирэх 的目的。

2. "Та жаахан хүлээж байхгүй юү, талх 2-3 минутын дараа гарна" гэв.
   （面包师）说："请您稍等,面包2-3分钟后就好。"
   -хгүй юү 也可以表示请求,用法接近动词第二人称祈使式-аарай, -ээрэй, -оорой, -өөрэй。

3. Намайг хүлээж байх зуур нэгэн настайвтар, энгэртээ одон медаль зүүсэн, бага зэрэг доголон эр орж ирээд талхчинтай мэндлэн тороо өглөө.
   在我等待的时候,一个略上年纪的、胸前佩戴着勋章、有点儿跛脚的男子走了进来,他和面包师打了招呼,就把网兜递了过去。
   -х зуур 可以引导时间状语从句,作用相当于形动词将来时加给在格的用法。

4. Түүний яриаг сонсоод надад өрөвдөх сэтгэл төрж бага ч гэсэн тус болох юмсан гэж бодов. 听了他的话,我产生了怜悯之心,我想帮帮他,即便是很微小的帮助。
   "ч гэсэн" 表示让步,有"即使,就算,无论,就连,甚至"之意。口语和书面语中均常使用。如：
   Маш их амжилт олсон ч гэсэн сэтгэл тайвширч болохгүй.
   即使取得非常大的成就,也不能心满意足。
   Дургүй ч гэсэн тэр найзтайгаа утасдсан. 即使不乐意,他还是跟朋友通了电话。

5. доголон：在动词的词根或词干上加上后缀"-н"派生形容词。如：догол——доголон（跛的）,дүүр——дүүрэн（满的）。

6. настайвтар：在形容词的词干上分别加上后缀"-втар,-втэр,-втор,-втөр"；"-хан, хэн,-хон, -хөн"表示比较级,其意为："稍……些的""略……些的""较……些的"等。如：настайвтар（较年长些的）, багавтар（稍小些的）,чангахан（稍响的）,томхон（略大些的）, хөхөвтөр（稍蓝的）, улаавтар（稍红的）, цагаавтар（稍白的）等。值得注意的是：
   （1）-втар, -хан等后缀加在以"н"为结尾的词上,该"н"要去掉。如улаан+втар= улаавтар,цагаан+втар=цагаавтар,сайн+хан=сайхан,түргэн+хэн=түргэхэн。
   （2）-втар, -хан 可以重叠使用,使原来的程度更加减弱。如：улаавтархан, багавтархан等。

7. шив шинэхэн：在表示颜色和形状的形容词前加上一个特别的词,构成形容词的加强形式。这个特别的词由该形容词的第一音节加辅音"в"构成。如：ув улаан（红彤彤

的), нов ногоон(绿油油的), цав цагаан(雪白的), шав шар(蜡黄的), яв ягаан(粉红的), бов бор(深灰色的)等。此外,在其他少数形容词上也有此形式,如:шив шинэхэн(崭新的),тов тодорхой(清清楚楚的), хав харанхуй(黑黢黢的), хов хоосон(空空如也的), дүв дүүрэн(满当当的)等。

8. өчигдрийнх: 在属格之后加上后缀 "x" 表示属于该人或事物的某种东西。如: ээж-ээжийнх 母亲的东西, гадаад-гадаадынх 外来品、外来货, Бат- Батынх 巴特的东西, сургууль-сургуулийнх 学校的东西, хятад-хятадынх 中国货、中国产品。

9. болов уу: 习惯用语,这里表示疑问。含有不太肯定,期待发生或担心之意。可译为:"是否……呀?""或许……吧?""似乎……吧?""会不会……呢?"。通常,"болов уу" 之前是静词或形动词。如:

Талхчин түүнд өчигдрийнх болов уу гэмээр хатсан талх хоёрыг гаргаж ирээд торонд нь хийж өгөв.
面包师给他拿出两个像是昨天的、已经发干的面包装进他的网兜里。

Соль, Батыг эргэж харах болов уу гэж ажиглан зогсож байв.
索莉站在那里注视着巴特,看他会不会回头看看。

Аав тэр дээлийг өөр хүнээс авсан юм болов уу?
那件袍子,爸爸是不是从别人那儿要的?

Миний цангах ч бага хэрэг, унаа минь хэцүүдэх болов уу?
我渴倒是小事,我那匹马是不是够呛啊?

## 1.3 Дасгал

**Дасгал 1** Бичлэг сонсож "Харилцан яриа" –г унш. Амаар орчуулаад дадамгай эзэмшээрэй.

**Дасгал 2** Бичлэг сонсож "Унших сэдэв"–ийг дахин дахин унш.

**Дасгал 3** "Унших сэдэв"–ийг хятадаар орчуул.

**Дасгал 4** Бичлэг сонсож өгүүлбэр бичээд хятадаар орчуул.

**Дасгал 5** Өгүүлбэр зохио.
1. -х гэсэн
2. дөртэй

3. таг чиг
4. барах
5. юу хийхээр
6. -хгүй юү
7. -х зуур
8. болов уу
9. ч гэсэн
10. болохоороо

**Дасгал 6 Монголоор орчуул.**
1. 有打算合租房间的人吗？
2. —奥云正在做家教。—她教什么呢？—大概是英语和数学吧。
3. —你帮妈妈做家务吗？—何止做家务啊，我每天还去幼儿园接小妹妹呢。
4. 去还是不去，请好好考虑一下吧。
5. —服务员，我们点的菜做好了吗？—您稍等，您点的菜马上就好。
6. 我正在车站等车的时候，一个年轻人走过来向我问路。
7. 我和班里其他同学将于明年9月到蒙古国立大学学习蒙古语。
8. 明天我是否可以跟您讨论一下我的毕业论文？
9. 虽然今年夏天雨水多，房间里还是比较干燥，早晨起来嗓子有些疼。
10. 即使他们不参加，我们也要把这项课题完成。

**Дасгал 7 Монголоор зохион бич: "Оюутны гуанзанд".**

**Дасгал 8 Дараахь нэмэлт бичвэрийг уншиж сайн ойлго.**

### Сайхан хоол

Алдартай тогооч эмэгтэй, оройн хоолонд хүү болон шинэ бэрээ урьжээ. Мөн тэр оройн хоолонд хуучны найз нөхөд нь уригдсан байв. Хүлээсэн зочид ч ирлээ. Бүгд ширээндээ суусны дараа ихэд гайхацгаав. Учир нь ээжийнх нь хийсэн бүх хоол амнаас унахаар ямар ч амтгүй байв. Төмс нь түүхий, мах нь түлэгдсэн, амтнаас нь гурил ханхалж байлаа. Уригдсан зочид эмэгтэйн хоолны талаарх эвгүйцлээ илэрхийлэхийг хүсээгүй тул тэдний амнаас нэг ч үг унасангүй.

Ашгүй хоол ч дуусч хүү бэр хоёр нь харихаар явав. Найзууд нь хууч хөөрч нэлээд суугаад мөн харихаар бослоо. Тэгэхдээ "Би чамайг сайн тогооч гэдгийг хэнээс ч илүү сайн мэднэ. Гэхдээ энэ оройн хоол яагаад ийм амтгүй байсан шалтгааныг хэлээч. Нэг бол чи өвдсөн байх эсвэл өөр нэг шалтгаан байна даа" гэхэд тогооч эмэгтэй тэдэн рүү инээмсэглэн:

## 第 1 课   НЭГДҮГЭЭР ХИЧЭЭЛ

"Би зүгээрээ. Гэхдээ албаар ийм хоол хийсэн юм. Учир нь хүү минь дахиж ээжийнхээ хоолыг саналаа энэ тэр гэж эхнэрийнхээ сэтгэлийг эмзэглүүлэхгүй байг" гэжээ.

1. Ээжийнх нь хийсэн хоол ямар ямар амттай болсон бэ? Учир нь юу вэ?
2. Сүүлийн хэсэгт хаалтанд буй тогооч эмэгтэйн хэлсэн үгийн утгыг тайлбарлаж өгнө үү.

**Шинэ үгс**

| | | |
|---|---|---|
| түүхий | （形） | 生的 |
| түлэгдэх | （动） | 被烤,被烧,被烫 |
| амттан | （名） | 糕点,甜食 |
| ханхлах | （动） | 散发气味,气味扑鼻 |
| эвгүйцэл | （名） | 变得不和睦,变得不称心 |
| хууч | （名） | 往昔,往事 |
| хөөрөх | （动） | 上升,升起;兴奋,振奋,欢乐 |
| хууч хөөрөх | （词组） | 谈论往事,叙旧 |
| шалтгаан | （名） | 理由 |
| албаар хийх | （词组） | 故意而为,有意为之 |
| эмзэглүүлэх | （动） | 使感到疼痛;使变得脆弱,使变得敏感 |
| алдартай | （形） | 著名的 |
| уригдах | （动） | 被邀请 |
| ихэд | （副） | 非常,十分 |
| гайхах | （动） | 惊讶,惊奇 |
| тул | （后） | 由于,故 |
| учир нь | （连） | 因为 |

# 第 2 课

## ХОЁРДУГААР ХИЧЭЭЛ

> 2.1 Харилцан яриа
>    2.1.1 Тайлбар
>    2.1.2 Тайлбар
>    2.1.3 Шинэ үгс
> 2.2 Унших сэдэв
>    ӨВӨӨ ХУУЧИЛСАН НЬ
>    2.2.1 Шинэ үгс
>    2.2.2 Тайлбар
> 2.3 Дасгал

## 2.1 Харилцан яриа

Дэлгэр: Намхай!

Намхай: Яав?

Дэлгэр: Хөл тасрах нээ. Ёо...ёо...

Намхай: Тэсч үз. Дэлгэр минь. Ёолох тусам улам дор болно.

Дэлгэр: Хэлэх ч амархан.

Намхай: Тийм ч байх даа.

Дэлгэр: Чамд өвдөх юм байхгүй юм чинь чи юугаа мэдэх вэ?

Намхай: Чи аль болохоор мартахыг... юм яа л даа. Хөл өвдөж байна гэж битгий бод. Өөр... сайн сайхан юм бодохгүй юу?

Дэлгэр: Ямар хачин юм яриад байна, чи.

### 2.1.1 Тайлбар

1. **Яав?** 怎么了？

   这里яав相当于яасан，口语中很常用。

   但是яасан还可以做副词，意为"多么"。例如：Яасан сайхан юм бэ?（多好啊。）

2. Хөл тасрах нээ.腿要断了。
   нээ是нь ээ的连读缩写形式，口语中常见。再如：Уначих нээ.（要摔倒了。）

3. Ёо...ёо...哎呦……哎呦……
   Ёо是语气词，一般用于表示疼痛、劳累等场景下。例如：Ёо, ёо, толгой эргэж байна.（哎呦，哎呦，头晕呢。）

3. Ёолох тусам улам дор болно.越哎呦越不好。
   яах тусам...улам...越……越……
   例如：Цаг хугацаа өнгөрөх тусам би түүнд улам сайн болоод байна.
   　　（随着时间的推移，我对他越来越好。）
   дор这里作形容词，不是指方位上的"下"，而是引申义，指情况差。与дээр的意义相反，用法相同。例如：илүү дээр амьдралын төлөө（为了更好的生活）

4. Чамд өвдөх юм байхгүй юм чинь чи юугаа мэдэх вэ? 你哪都不疼，你知道什么？
   这里的人称反身后缀чинь表示"你的"意味不强。多用在口语中，表示与谈话对方的互动，翻译时不一定译出。
   例如：- Энэ салатны байцаа хэд вэ?（这生菜多少钱？）
   　　 - Наадах чинь 1500 төгрөг.（这个 1500 图*。）

5. Ямар хачин юм яриад байна, чи.你说的话怎么这么怪啊？
   这里主语чи放在句末，是加强反问语气。口语中常见这类情况。例如：Ямар сонин хүн бэ, чи!（你真奇怪！或译成真奇怪，你！）

Баяр:　　Эгч ээ, өнөөдөр Бат хоол хийх үү?
Дулмаа:　Ээлж нь шүү дээ.
Баяр:　　Удахгүй шалгалт өгнө. Оронд нь би хийж орхиё, болох уу?
Дулмаа:　Оронд нь чи хоолыг нь идэх үү?
Бат:　　 Эгч ээ. Би өөрөө хийнэ.
Дулмаа:　Би хуралд очлоо. Хуралтай гэж саяхан л мэдлээ. Одоо нэг хүн ирнэ. Та хоёр сайн үйлчлээд хүлээлгэж байгаарай.
Баяр:　　За. Хэн гэдэг хүн бэ?
Дулмаа:　Чулуун гэдэг юм.
Баяр:　　За, орж ирэхлээр нь гутлыг нь тайлуулах уу? Шал халтар болгож орхих вий.
Дулмаа:　Яаж болдог юм бэ? Огт болохгүй шүү. Шал халтар болгох яахав. Арчиж орхино. Харин зочин хүний сэтгэлийг халтар болгочихвол уу...За, би явлаа.

**2.1.2 Тайлбар**

1. Ээлж нь шүү дээ.是轮到他了。

---
\* 图：蒙古国的货币单位图格里克的简称。

ээлж是轮流、换班、轮班的意思。例如шөнийн ээлжид ажиллах（值夜班）。再如 ээлжийн эмч(值班医生)。Одоо таны ээлж.（现在轮到您了。）

2. Оронд нь би хийж орхиё.（我替他做得了。）

оронд 这里是"代替""接替"的意思。例如：бусдын оронд ажиллах（替别人工作）。орхих在这里是助动词,表示"彻底完成"之意。再如：Арчиж орхино.（擦擦得了。）

3. Шал халтар болгох яахав. Харин зочин хүний сэтгэлийг халтар болгочихвол уу...把地板弄脏能怎么样啊?可要是把客人的心情搞坏了……

халтар болгох弄脏,后面一个句子中的хүний сэтгэлийг халтар болгох是比喻用法。

### 2.1.3 Шинэ үгс

| тасрах | （动） | 脱离,离开,断开 |
| тэсэх | （动） | 忍受 |
| ёолох | （动） | 哎呦,呻吟 |
| дор | （副·形） | 下面,在下面；劣质的,坏些的,恶化的 |
| Намхай | （人名） | 那木海 |
| тусам | （后） | 越……越…… |
| аль болохоор | （词组） | 尽可能地,尽量 |
| ээлж | （名） | 轮班,次序 |
| тайлуулах | （动） | 让解开,让脱下 |
| халтар | （形） | 脏的,有污点的 |
| огт | （副） | 完全,根本 |

## 2.2 Унших сэдэв

Эхийн санаа үрд
Үрийн санаа ууланд

### ӨВӨӨ ХУУЧИЛСАН НЬ

- Өвөө өө! Энэ том хадан уулыг яагаад Эмгэн цохио гэж нэрлэсэн юм болоо?

- Энэ цохиог уг нь Сонгинот цохио гэдэг байж. Дээр цагт манай нутагт ганц хүүтэй Тамжид хэмээх эмгэн байлаа. Хэдэн малынхаа буянд хоол унд, өмсөх зүүхтэй амьдарч байтал хүү нь эрийн цээнд хүрч жин тээхээр явжээ. Түүнээс хойш олон жил өнгөрсөн боловч хайртай ганц үрээс нь сураг чимээ ч дуулдсангүй.

Сүүлдээ эмгэн бүр цөхөрч, айл саахалтынхан сэтгэлийг нь засахаар ороход "Би ч ийм үйлтэй амьтан байж" гээд уйлж суудаг болжээ. Тамжид гуай нэг өглөө цайныхаа дээжийг өргөчихөөд гэртээ ортол хүү нь одоохон хүрээд ирэх юм шиг санагдаад байна гэнэ. Тэгээд хүү минь өнөөдөр л ирэх нь дээ, бие ч нэг л хөнгөн байх шив. Сонгинотод гарч хэдэн сонгино түүдэг хэрэг. Хүүгээ гарын буузаар дайлна гэсээр уул өөд мацжээ. Налуу талаас нь мацсаар арай гэж цохионы оройд гартал уяан дээр нь хүн бууж харагдав.

Хэлээгүй юу зөнөг золиг, хүү маань намайг байхгүй байна гээд буцчих вий гээд ухасхийтэл хөл алдаж, хадан цохионы эгц тал уруу нисчихсэн юм гэдэг хөөрхий. Даанч харамсмаар юм.

- Ирсэн хүн хүү нь мөн үү?
- Үгүй, тэр манай нутгийн нэг жинчин эр байсан гэдэг.
- Харин хүү нь тэр хүнээр ээждээ,
- Намайг тэвчээртэй хүлээж бай. Би өдрөөс өдөрт улам баяжиж байна. Хагартлаа хөрөнгөжиж аваад очно гэж хэлүүлсэн юм гэнэ билээ.

Үеийн үед, үрийн үрд энэ гашуун түүхийг хэн ч бүү мартаг, хэн ч бүү давтаг гэж өвөө нь чамд ярьж байгаа юм.

О.Сундуй

## 2.2.1 Шинэ үгс

| хуучлах | (动)叙旧,谈往事 | түүх | (动)拾,捡 |
| хад(н) | (名)岩石 | дайлах | (动)招待 |
| эмгэн | (名)老奶奶,老妇人 | мацах | (动)攀登 |
| цохио | (名)峭壁 | өөд | (副)向上 |
| нэрлэх | (动)命名 | налуу | (形)斜的 |
| буян | (名)福分,福气 | уяа(н) | (名)拴马桩,拴马系绳 |
| эрийн цээ(н) | (词组)成年年龄 | зөнөг | (形)老而糊涂的,昏头昏脑的 |
| сүүлдээ | (插入语)后来 | | |
| жин | (名)重量 | золиг | (名)恶棍,无赖,罪人 |
| тээх | (动)运,运输 | ухасхийх | (动)猛然向前 |
| жин тээх | (词组)长途运输,拉脚 | эгц | (形)陡峭的 |
| үр | (名)种子;子女 | уруу | (副)向下 |
| сураг | (名)消息 | хөөрхий | (形)可怜的 |
| цөхрөх | (动)疲惫,灰心 | даан ч | (副)太,过分 |
| саахалт | (名)(因共同放牧畜群而结成的)邻里 | харамсах | (动)为……感到遗憾 |
| | | жинчин | (名)脚夫,(旧时)商队成员 |
| үйл | (名)事业;苦难遭遇 | тэвчээртэй | (形)有耐性的,能忍耐的,能克制的 |
| уйлах | (动)哭泣 | | |
| дээж | (名)精华,样本 | баяжих | (动)变得丰富,变得富有 |

хөрөнгөжих （动）积累财富，资本化，变富有

**2.2.2 Тайлбар**

1. Хэдэн малынхаа буянд хоол унд, өмсөх зүүхтэй амьдарч байтал хүү нь эрийн цээнд хүрч жин тээхээр явжээ.

   得益于拥有的几头牲畜，(她)生活得有吃有穿。而儿子却已长大成人，参加商队，远走他乡了。

   （1）"хүү нь эрийн цээнд хүрч жин тээхээр явжээ"是主句，"Хэдэн малынхаа буянд хоол унд, өмсөх зүүхтэй амьдарч байтал"是时间状语从句。

   （2）буян这里变成给在格，引导出原因。

2. Түүнээс хойш олон жил өнгөрсөн боловч хайртай ганц үрээс нь сураг чимээ ч дуулдсангүй.

   此后过了很多年，但是她心爱的独生子那里没有传来任何消息。

   （1）"хайртай ганц үрээс нь сураг чимээ ч дуулдсангүй"是主句，"Түүнээс хойш олон жил өнгөрсөн боловч"是转折状语从句。

   （2）дуулд-是дуул-(听)的被动态形式。

3. Сүүлдээ эмгэн бүр цөхөрч, айл саахалтынхан сэтгэлийг нь засахаар ороход "Би ч ийм үйлтэй амьтан байж" гээд уйлж суудаг болжээ.

   后来，老太太愈加灰心丧气了，邻里们过来安慰她时，她总是哭诉："我就是这么一个受苦受难的命呀！"

4. Тамжид гуай нэг өглөө цайныхаа дээжийг өргөчихөөд гэртээ ортол хүү нь одоохон хүрээд ирэх юм шиг санагдаад байна гэнэ.

   塔姆吉德一个清早扬过茶、回到毡包的时候，有种感觉，好像儿子马上就要回来似的。

   "хүү нь одоохон хүрээд ирэх юм шиг санагдаад байна гэнэ"是主句，"Тамжид гуай нэг өглөө цайныхаа дээжийг өргөчихөөд гэртээ ортол"是从句。

5. эрийн цээнд хүрэх: нас бие гүйцэх, чадал тэнхээ суух 成年，长大成人

6. Сонгинотод гарч хэдэн сонгино түүдэг хэрэг.

   爬上桑吉诺特峭壁，还是采集一些野葱吧。

   "хэрэг"是个多意实词，但有时用在词尾，虚化成为一种起加强语气作用的虚词，表示肯定某种事实和状况，一般用在形动词之后，组成合成谓语，用汉语很难译出，一般用"是""就是""就"这类词来表示加强语气。例如：

   Та тэгээд ганцаараа энд байдаг хэрэг үү?那么您就独身一人在这里吗？

   Тэр чинь тантай уулзахаас татгалзсан гэсэн хэрэг.那就是说拒绝同您会面。

7. "буцчих вий"中的"вий"是助动词"бий"的语音变体，在新蒙文中常见。前面经常是将来时形动词，即"-х вий"，表示担心、生怕发生某种情况。如：

   Одоо би ямар нэг юмаар түүнээ гомдоочих вий гэж л айж явдаг.

现在,我总是害怕因为什么事情得罪了他。

Болд маань ойчих вий дээ?包勒德会不会摔倒呀?

8. 蒙古语中有名词重复使用的现象,根据句子语法结构,重复使用的名词变成所需要格的形式。如:名词从格+名词给在格。

Би өдрөөс өдөрт улам баяжиж байна.我一天比一天富裕了。

Иймэрхүү дутагдал жилээс жилд гарсаар байна.这样的亏损年复一年地不断发生。

Орлого нь сараас сард нэмэгдэв.收入逐月增加。

又如:名词属格+名词给在格

Үеийн үед, үрийн үрд энэ гашуун түүхийг хэн ч бүү мартаг, хэн ч бүү давтаг гэж өвөө нь чамд ярьж байгаа юм.爷爷对你说的是:"世世代代,子子孙孙,任何人都不要忘记这个悲惨的经历,任何人也不要重蹈覆辙。"

Энэ бол манай монголчуудын үеийн үед уламжлан ирсэн соёлын өв юм.这是我们蒙古人世世代代继承下来的文化遗产。

## 2.3 Дасгал

**Дасгал 1** Бичлэг сонсож "Харилцан яриа" –г унш. Амаар орчуулаад дадамгай эзэмшээрэй.

**Дасгал 2** Бичлэг сонсож "Унших сэдэв"-ийг дахин дахин унш.

**Дасгал 3** "Унших сэдэв"-ийг хятадаар орчуул.

**Дасгал 4** Бичлэг сонсож өгүүлбэр бичээд хятадаар орчуул.

**Дасгал 5** Өгүүлбэр зохио.

1. буянд
2. дуулдах
3. хэрэг
4. -х вий
5. жилээс жилд
6. тэсэх
7. -х тусам улам
8. ээлж
9. оронд

10. ямар хачин

11. өдрөөс өдөрт

**Дасгал 6 Монголоор орчуул.**

1. 哎呦,哎呦,肚子疼死了。
2. 忍着点,越喊越疼。
3. 如果换作是我,您会怎么样呢?
4. 说得倒容易,我也没遇到过这种情况,我怎么知道?
5. 我好不容易把这道题算出来了,可老师说不对。
6. 得益于道路拓宽,我们现在上学只需要10分钟。
7. 我们正要上课的时候,突然传来了5分钟后停电的消息!
8. 入秋以来,昼夜温差一天比一天大。
9. 两天都没见着,杜尔玛会不会生病了啊?
10. 这是他们的传家宝。

**Дасгал 7 Монголоор зохион бич: "Нутагтаа буцсан нь".**

**Дасгал 8 Дараахь нэмэлт бичвэрийг уншиж сайн ойлго.**

### Эхийн санаа

Балжид эмгэн нас жар гарсан ч хөнгөн шингэн, хөдлөх хийх нь хурдан түргэн бөгөөд хоёр нарны хоорондох ажлаа амжуулж суудаг нэгэн. Гэхдээ харц нь хэн нэгнийг хүлээсэн мэт цаанаа л нэг уйтгартай харагдана.

Балжид эмгэний ганц хүү эрдэм номын мөр хөөн алсыг зорин явсан ажээ. Үе үе санаашран алсыг харуулдан байхыг харахад ганц хүү нь түргэн ирж ээжийнхээ сэтгэлийг амраагаасай гэж өөрийн эрхгүй бодогдмоор.

Эмгэн хаа нэг ойр хавьд ирсэн айлчдаас битүүхэн сураг тавьж хэн нэгнээр хэл чимээ ирэх болов уу? гэж горьдоно. Ийнхүү Балжид эмгэнийг нутаг усныхан хэчнээн өрөвдөвч, хэл чимээ байхгүй бөгөөд хүүгийнхээ сайн мууг сонсохсон гэсэн эхийн сэтгэл ямар агуу уужим гэдгийг мэдэрнэ. Хүүгийнхээ талаар сураг чимээ горьдож чих тавин хүлээсэн Балжид эмгэн хорвоогийн өдөр хоногийг нэгэн хэвээр өнгөрөөнө.

1. Балжид эмгэн ямар хүн бэ?
2. Балжид эмгэний хүсэл юу вэ?
3. Таны бодлоор ээжийн хайр аавын хайраас ямар ялгаатай вэ?

##第2课　ХОЁРДУГААР ХИЧЭЭЛ

**Шинэ үгс**

| | | |
|---|---|---|
| шингэн | （形） | 稀的,淡薄的,稀疏的;液体的 |
| амжуулах | （动） | 实现,完成 |
| харц | （名） | 视线,目光 |
| мөр | （名） | 足迹 |
| хөөх | （动） | 赶,驱赶,追逐,追赶 |
| алс | （形） | 远方,远的,遥远的 |
| зорих | （动） | 力求,努力,趋向,奔向 |
| санаашрах | （动） | 担心,担忧 |
| амраах | （动） | 使安心,安慰,安抚 |
| хавь | （名） | 附近,四周,旁边 |
| айлчин | （名） | 客人,访问者 |
| битүүхэн | （形） | 较封闭的,较隐秘的 |
| сураг | （名） | 消息 |
| горьдох | （动） | 期望,希冀 |
| уужим | （形） | 宽阔的,辽阔的 |
| Балжид | （人名） | 巴勒吉德 |
| өөрийн эрхгүй | （词组） | 不由自主地 |
| ийнхүү | （代） | 这样,如此,这般 |
| нутаг усныхан | （词组） | 家乡人,乡亲 |
| хичнээн | （代） | 何等 |
| мэдрэх | （动） | 感觉到 |
| чих тавих | （词组） | 侧耳(倾听) |
| хорвоо | （名） | 人间,人世,世界 |

# ГУРАВДУГААР ХИЧЭЭЛ

```
3.1 Харилцан яриа
    3.1.1 Тайлбар
    3.1.2 Тайлбар
    3.1.3 Шинэ үгс
3.2 Унших сэдэв
    ИТГЭЛ
    3.2.1 Шинэ үгс
    3.2.2 Тайлбар
3.3 Дасгал
```

## 3.1 Харилцан яриа

| | |
|---|---|
| Туяа: | Өнөөдөр манай цалин буугаад. |
| Нөхөр нь: | Ашгүй дээ. Юуны өмнө урьд Баяр гуайгаас зээлсэн мөнгөө өгөх юм шүү. Хүний мөнгийг удаагаад юу хийхэв. |
| Туяа: | Би чамд нэг юм үзүүлэх үү? Наашаа хар даа. |
| Нөхөр нь: | За. |
| Туяа: | Чамд авсан юм. Цагаан ноосон цамц... |
| Нөхөр нь: | Их гоё цамц байна. Даанч надад гоёдох байлгүй. Ямар үнэтэй юм бэ? |
| Туяа: | Гурван зуун мянган төгрөг. |
| Нөхөр нь: | Пээ. Үргэлж машины тостой эд ангитай ноцолддог засварчин хүнд дэндүү гоёдсон эд юм. Тэгээд ч чинийхээ хагас сарын цалингаар ганц цамц авчихаар чи минь юу өмсөх вэ? |
| Туяа: | Чи тэгээд өмсөхгүй юм биз дээ. |
| Нөхөр нь: | Үгүй...Үгүй... Өмсөнө, баярлалаа. |

## 第3课　ГУРАВДУГААР ХИЧЭЭЛ

**3.1.1 Тайлбар**

1. Өнөөдөр манай цалин буугаад.　今天工资发下来了。
   这里以先行副动词形式直接结句。实际上是буугаад байна或者буусан юм的省略。这种情况在口语中很常见。例如：Ахтай хамт бизнес хийх гээд.（打算和哥哥一起做生意。）再如：Тэд тийш яваад.（他们往那边去了。）

2. Хүний мөнгийг удаагаад юу хийхэв.　拖欠人家的钱这么久干什么？
   这里хийхэв是хийх вэ的连写。

3. Наашаа хар даа.过这边来看看。
   这里даа强调祈使或建议的语气。在口语中常用。例如：Дүү минь, энэ номыг унш даа.（弟弟，看看这本书吧。）再如：Сонин сайхан юу байна даа?（有什么好消息吗？）

4. Пээ! 哇! 哎呀!
   表示惊叹、惊讶、厌恶的语气词。口语中常用，还有паа。例如：Пээ, ямар заваан юм бэ!（呸，真恶心！）再如：Паа пээ, яана аа, бүх хүн юу гэж ийм байх вэ? Нийт олны төлөө гэсэн сэтгэлээ хувийнхаа эрх ашгаас дээр тавьдаг төрийн түшмэд байлгүй яах вэ?（哎呀，不会每个人都这样吧？怎么会没有把公众的利益看成比个人利益重要的国家官员呢？）

5. ноцолдох, 本义是"打架""缠斗"。引申义为"长时间从事""忙碌于""鼓捣"，要求前面的名词或形动词用共同格。例如：хонь малтай ноцолдох（忙于畜牧）。

Худалдан авагч:　Энэ гутал хэд вэ?
Наймаачин:　Наян мянга.
Худалдан авагч:　Ярих уу?
Наймаачин:　Үгүй шүү.
Худалдан авагч:　Энэ дээл ямар үнэтэй вэ?
Наймаачин:　Жаран тав. Сайн ярина шүү.
Худалдан авагч:　Тавьд шууд авъя.
Наймаачин:　Яг ш дээ. Ийм дээл хаанаас ч олдохгүй. Битгий горьд.

**3.1.2 Тайлбар**

1. Энэ гутал хэд вэ?　这双鞋多少钱？
   在蒙古语中量词使用得比较少，在译成汉语的时候注意加上相应的量词。如：тэр нохой（那只狗）。再如：хоёр сандал（两把椅子）。
   хэд вэ意为多少钱，口语中询问商品价格时常用，相当于ямар үнэтэй вэ。

2. Ярих уу?　能便宜点吗？
   ярих уу? 本义是"谈谈吗？"。在口语常用于议价，意为"价格能商量吗？""能便宜点吗？"再如：Сайн ярина шүү.（价格好商量哦。）

3. Яг ш дээ. 真是的。яг, 副词, 表示"完全""彻底""根本""准是""正好"等意。此处表示"根本不可能""没门儿"。

4. Битгий горьд. 别想, 不可能。

горьдох 是期待、期许的意思。例如: яс горьдсон нохой шиг (像只想要骨头的狗)。

### 3.1.3 Шинэ үгс

| удаах | （动） | 耽搁, 拖欠 |
| ноос(н) | （名） | 畜毛 |
| гоёдох | （动） | 显得过分妖艳, 变得过于华丽 |
| эд анги | （词组） | 部件, 零件 |
| ноцолдох | （动） | 缠斗, 纠缠 |
| засварчин | （名） | 修理工 |
| дэндүү | （副） | 过分, 太, 甚 |
| худалдан авагч | （词组） | 购买者, 顾客 |
| наймаачин | （名） | 买卖人, 生意人 |
| горьдох | （动） | 期待, 指望 |

## 3.2 Унших сэдэв

### ИТГЭЛ

Итгэл бол хүн чанарын нэг шалгуур, ёс суртахууны нэн чухал хэмжүүр. Итгэл бол аугаа их хүч. Хайр сэтгэл, гэр бүл итгэл дээр оршин тогтнож батжин бэхжинэ. Хиргүй тунгалаг итгэлтэй гэр бүл хэврэг эмзэг байдаггүй. Хүмүүний харилцаа, үерхэл нөхөрлөл мөн л итгэл дээр суурилна. Хүн хүндээ хэдийчинээ гүн итгэлтэй байна, үерхэл нөхөрлөл төдийчинээ бат бэх. Бие биедээ итгэнэ гэдэг хүн ёсны хамгийн ариун нандин бат холбоос билээ. Итгэл нь үл үзэгдэх мөртлөө үл тасрах сэтгэлийн учгаар хүмүүсийг гагнан холбож өгдөг юм. Итгэж болох нөхөр энэ хорвоогийн бүхнээс үнэт эрдэнэс лүгээ ховор эрхэм хүн.

Хүүхэд залуус та нарт юуны урьд өөртөө итгэлтэй бай. Санаандаа багтаасан бардам итгэлтэй хүн санасан зорьсондоо баттай хүрнэ. Итгэл үгүй бол амжилт үгүй. Итгэл дутуу бол амжилт мөн дутуу. Чадна гэсэн гүн итгэлтэй хүнд цаана нь гарах чадал эрч хуран хуримтлагдаж байдаг юм. Хүч чадвартаа итгэ. Өөрийгөө аль ч цагт дутуу дулимаг бүү үнэл. Би заавал чадна гэсэн итгэлийн дөлөө бадраан байж давшгүйг давж, гэтэлшгүйг гэтэлж, төсөөлшгүйг бүтээж, шинийг нээж, шилдгийг туурвина. Чамд заяасан төрөлх ухаан, төгс чадвар, дотоод эрчим хүч яндашгүй дундаршгүй болохоор бүрэн итгэлтэйгээр зоригтон бүтээлч хичээлтэйгээр зүтгэвээс холын хол, хүрч чадахгүй мэт төсөөлөгдөж байсан оргилдоо мацан гарч магад дөнгөнө.

### 3.2.1 Шинэ үгс

| | | | |
|---|---|---|---|
| шалгуур | （名）标准 | гэтлэх | （动）渡过 |
| ёс суртахуун | （词组）道德 | төсөөлөх | （动）设想,预想 |
| хэмжүүр | （名）测量仪,仪表 | бүтээх | （动）创作,完成 |
| аугаа | （形）伟大的,宏大的 | туурвих | （动）写作,完成 |
| тогтнох | （动）确立,稳定下来 | шилдэг | （形）优秀的 |
| батжих | （动）稳固,变强固 | заяах | （动）具有……天赋,注定,天定 |
| бэхжих | （动）稳固,变坚固 | | |
| хэврэг | （形）脆的,脆弱的 | төрөлх | （形）天生的,先天的;本地的,本国的 |
| эмзэг | （形）娇弱的,易碎的 | | |
| харилцаа(н) | （名）交往,关系 | төгс | （形）完美的,完善的 |
| үерхэл | （名）与同辈人交往,友好 | чадвар | （名）能力 |
| нөхөрлөл | （名）友好关系,友谊 | эрчим | （名）力量,能量 |
| хэдийчинээ | （代）多大程度上 | яндах | （动）用容器计量 |
| бат бэх | （词组）稳固的,坚实的 | дундрах | （动）变得不满,剩下一半（指液体） |
| учиг | （名）原因,线索 | | |
| гагнах | （动）焊接,紧密地连接 | зориглох | （动）下定决心 |
| бардам | （形）骄傲的,自负的 | зүтгэх | （动）努力,发奋 |
| хурах | （动）聚集,汇集 | дөнгөх | （动）勉强做到 |
| хуримтлагдах | （动）被聚集,积累 | хүн чанар | （词组）人品,人格 |
| дулимаг | （形）缺乏的 | хиргүй тунгалаг | （词组）纯洁无瑕的 |
| дөл | （名）火焰 | хүмүүн | （名）人（旧蒙文写法） |
| бадраах | （动）使繁荣,使兴旺 | | |

### 3.2.2 Тайлбар

1. Итгэж болох нөхөр энэ хорвоогийн бүхнээс үнэт эрдэнэс лүгээ ховор эрхэм хүн.
   可以信赖的人如同比这世界上所有物品都珍贵的宝物一样稀少而珍贵。
   лугаа或лүгээ表示"和、与、同"的意思,是旧蒙文的共同格后缀,用于名词之后,单独书写,只用于书面。

2. Санаандаа багтаасан бардам итгэлтэй хүн санасан зорьсондоо баттай хүрнэ.
   胸中怀有自信的人一定能到达理想的彼岸。
   我们在《现代蒙古语教程（一）》中学习过"形动词"的概念。蒙古语中的形动词不仅可以表示时间,还有形容词的特点,能像名词一样变格。在本句中,багтаа-、сана-、зорь-均变成了形动词过去时,在句子中充当了不同的成分。

3. Чамд заяасан төрөлх ухаан, төгс чадвар, дотоод эрчим хүч яндашгүй дундаршгүй болохоор бүрэн итгэлтэйгээр зориглон бүтээлч хичээлтэйгээр зүтгэвээс холын хол, хүрч чадахгүй мэт төсөөлөгдөж байсан оргилдоо мацан гарч магад дөнгөнө.
你与生俱来的智慧、才能和潜力是无穷无尽的,因此如果充满自信地、创造性地努力,那么就一定会攀登上那想象中似乎遥不可及的顶峰。

-ваас、-вээс、-воос、-вөөс的用法同条件副动词后缀,用来表达"如果、假定"等含义。它也是古代蒙古文的后缀,现在偶尔在书面语中出现。

4. шалгуур, хэмжүүр:动词词干上加后缀"-уур""-уурь""-үүр",构成表示进行该动作的工具、地点等的名词。如:хад(收割)-хадуур(镰刀),өлгө(挂)-өлгүүр(挂钩)等。

5. үерхэл нөхөрлөл:动词词干加上后缀"-л",构成与该动作相应的抽象名词。如:үерх-(与同龄人交好)-үерхэл(友好),нөхөрлө-(交友、结交)-нөхөрлөл(友爱、友好),дарла-(压迫)-дарлал(压迫),нэгд-(联合)-нэгдэл(团结),боловсор-(受教育)-боловсрол(教育),цэнгэ-(欢乐)-цэнгэл(快乐),эдлэ-(使用)-эдлэл(物品)。

6. Хүн хүндээ хэдийчинээ гүн итгэлтэй байна, үерхэл нөхөрлөл төдийчинээ бат бэх. 人与人之间,愈是深信对方,彼此之间的友情愈发坚固深厚。

"хэдийчинээ ..., төдийчинээ..."副词,可修饰形容词和动词,做状语,表示递进关系。译为"愈……,愈……""越……,越……"。

如:Хэдийчинээ түргэн тусмаа төдийчинээ сайн. 越快越好。

Багш хүний хувийн чанар хэдийчинээн тод томруун, өвөрмөц байх тутам сурагчдад төдийчинээн их нөлөөлдөг. 老师的个人品质越鲜明、越有个性,对学生的影响就越大。

7. Итгэл нь үл үзэгдэх мөртлөө үл тасрах сэтгэлийн учгаар хүмүүсийг гагнан холбож өгдөг юм. 信任是用虽然看不到的,但却扯不断的感情线把人们紧密地联结起来。

"мөртлөө"为转折连词,有时写作"мөртөө",用于书面语。意为"反而""却""倒"。用于静词和形动词之后,表示后面发生的情况或行为、活动,不是按照前面提到的情况或行为、活动应该发生的逻辑结果,而是某种对立或相反的结果。"мөртлөө"的前后主语是同一个。如:

Нэртэй цуутай эмч нар мөртлөө энэ нянг мэдэхгүй байгааг нь харав уу?
看见了吗?他们虽是些很有名气的医生,却不知道这种细菌。

Тэр чинь залуу мөртлөө сүрхий сайн малчин шүү.
他虽然年轻,却是个了不起的牧民。

Уйлсан мөртлөө баяр жаргалын оч нүдэнд нь гэрэлтэнэ.
虽然哭了,但她眼里却闪烁着喜悦和幸福的光芒。

8. бардам:动词的词根或词干上加上后缀-м派生出形容词。如:булаа(抢夺)-булаам(吸引人的),гайх(奇怪、令人惊异)-гайхам(令人惊异的),сонирх(令人感兴趣)-сонирхом(令人感兴趣的)。

9. 后缀"-шгүй"加在动词词干上构成表示不可能或无法进行该动作的形容词。如本课出现的：дав + шгүй →давшгүй（不可逾越的），гэтэл+шгүй →гэтэлшгүй（无法逾越的），янд+шгүй →яндашгүй（无法衡量的），дундар+шгүй →дундаршгүй（不可减少的）。又如：

сал+шгүй → салшгүй（不可分割的）

халд+шгүй → халдашгүй（不可侵犯的）

марга+шгүй → маргашгүй（无可争辩的）

танигд+шгүй → танигдашгүй（无法认清的）

хязгаарла+шгүй → хязгаарлашгүй（无限的）

зайл+шгүй → зайлшгүй（不可避免的）

10. магад：本课是情态词，有"一定、肯定、确实"之意。作情态词时，在句中位置比较灵活，可以用在动词之前，也可以远离动词，与某一短语发生关系。如：

Өдөр турш уйлсны минь чи одоо магад мэдэх бизээ.

你现在一定知道我哭了整整一天吧！

Би ч магад явна. 我也一定要去的。

Том болоод магад сайн хүн болно. 长大以后，一定是个好人。

## 3.3 Дасгал

**Дасгал 1** Бичлэг сонсож "Харилцан яриа" –г унш. Амаар орчуулаад дадамгай эзэмшээрэй.

**Дасгал 2** Бичлэг сонсож "Унших сэдэв"–ийг дахин дахин унш.

**Дасгал 3** "Унших сэдэв"–ийг хятадаар орчуул.

**Дасгал 4** Бичлэг сонсож өгүүлбэр бичээд хятадаар орчуул.

**Дасгал 5** Өгүүлбэр зохио.

1. -лугаа, -лүгээ
2. -ваас, -вээс, -воос, -вөөс
3. даанч
4. дэндүү
5. юу хийхэв
6. ноцолдох
7. хэдийчинээ ..., төдийчинээ...

8. мөртлөө
9. бие биедээ
10. магад

**Дасгал 6 Монголоор орчуул.**

1. (摄影师说)看我这里,头再往右一点。好,照了。
2. 道尔吉一直忙于汽车修理(工作),好几年没回老家了。
3. 你一个人躲在屋里这么长时间干嘛呢?
4. 没看上那场演出,真是太遗憾了。
5. 小女孩儿的皮肤像珍珠一样洁白。
6. 鞋子合不合脚,自己穿了才知道。一个国家的发展道路合不合适,只有这个国家的人民才最有发言权。
7. 你不用生气了,他一定会来的。
8. 他虽然还不到四十岁,却已经是国内外知名的学者。
9. 与他相处时间越长,越敬佩他的为人。
10. 相互信任是我们合作的根基。

**Дасгал 7 Монголоор зохион бич: "Надад итгэсэн ээж минь".**

**Дасгал 8 Дараахь нэмэлт бичвэрийг уншиж сайн ойлго.**

### Зуны нарлаг өдрүүдийг зугаатай сайхан өнгөрүүлээрэй

Зуны дэлгэр цаг ирж гэр бүлээрээ, үр хүүхэд ач зээгээ дагуулан нааш цааш явж амрах цаг ирлээ. Төрөлх Увс аймаг маань уул ус, ургамал навч нь жигдэрсэн үнэхээр сайхан үзэсгэлэнтэй нутаг билээ. Дураараа амрах сайхан ч, хүүхэд аюулгүй, осол гэмтэлгүй амрах ёстой. Халуун болмогц бид Увс нуур, Хяргас нуурандаа умбаж шумбаж, зөөлөн элсэн дээр наранд шарж амардаг. Энэ үед хүүхэд наранд шарагдан түлэгдэхээс болгоомжилж, хүүхдэд нарны малгай, хаалт, нарны тос, сүүдрэвч, гэр майхан зэргийг бэлдээрэй. Ялангуяа 11-17 цагийн хооронд нарны туяа хортой гэдгийг анхаар. Багачуудаа чихэрлэг бус уух шингэн зүйл авч яваарай. Мэдээж усанд орох үед нь томчуудын хараа хяналтанд байлгана. Хөдөө зуслан руу явж байгаа бол ялаа шумуул, элдэв шавьж, хорхой, могой зэрэгт хазуулахаас болгоомжил. Шумуулаас сэргийлэх тос, хазсаны дараа түрхэх тос, үргээх хүж, ялаа шумуулын тор зэргийг бэлдэнэ. Хүүхдүүдээ элдэв танихгүй мөөг, жимс идэхгүй байхад сургаарай. Гэрийн тэжээвэр амьтан, морь малтай хэрхэн харьцахыг заахад илүүдэхгүй.

Хүүхэд чинь гэртээ амарч байгаа бол зурагт, компьютер, ай-пад зэргээс холдуулж

# 第3课  ГУРАВДУГААР ХИЧЭЭЛ

амраарай. Зуны халуунд аялахад хүүхдийн гэдэс өвдөх хандлагатай тул авч явж байгаа хүнсний бүтээгдэхүүнийг баталгаатай газраас авах, зөв хадгалах шаардлагатай.

1. Зуны нарлаг өдрүүд хөдөө зугаалбал юу юунаас болгоомжлох, юу юуг бэлдэх хэрэгтэй вэ?
2. Хүүхэдтэй зугаалбал аюул ослоос яаж сэргийлэх вэ?
3. Өвлийн өдрүүд хөдөө зугаалах хүмүүст зөвлөлгөө өгнө үү.

## Шинэ үгс

| | | |
|---|---|---|
| нарлаг | （形） | 阳光明媚的 |
| зугаатай | （形） | 快乐的,消遣的 |
| жигдрэх | （动） | 变整齐,就绪,具备,完成 |
| осол | （名） | 事故 |
| гэмтэл | （名） | 损坏,故障 |
| умбах | （动） | 游泳,潜水 |
| шумбах | （动） | 沉没,潜水,沉溺 |
| болгоомжлох | （动） | 小心 |
| сүүдрэвч | （名） | 遮阳棚 |
| чихэрлэг | （形） | 甜的 |
| шингэн | （形） | 稀的,淡薄的 |
| хяналт | （名） | 审查,监督,监控 |
| ялаа | （名） | 苍蝇 |
| шумуул | （名） | 蚊子 |
| элдэв | （形） | 各种各样的 |
| шавьж | （名） | 昆虫 |
| хорхой | （名） | 虫子 |
| хазах | （动） | 咬 |
| үргээх | （动） | 恐吓,吓跑,驱散 |
| хүж | （名） | 香 |
| бэлдэх | （动） | 准备 |
| мөөг | （名） | 蘑菇 |
| бүтээгдэхүүн | （名） | 产品 |
| баталгаатай | （形） | 有保证的,有担保的 |

# 第4课

## ДӨРӨВДҮГЭЭР ХИЧЭЭЛ

> 4.1 Харилцан яриа
>     4.1.1 Тайлбар
>     4.1.2 Шинэ үгс
> 4.2 Унших сэдэв
>     УУЧЛАХ ГЭДЭГ УХААНЫХ
>     4.2.1 Шинэ үгс
>     4.2.2 Тайлбар
> 4.3 Дасгал

## 4.1 Харилцан яриа

Энхээ:      Чи яав аа, цочив уу?
Гэрэлмаа:   Үгүй, юу гэж цочих вэ?
Энхээ:      Тэгээд юунд ингэж сандрав?
Гэрэлмаа:   Намайг сандарсан гэж байна уу?
Энхээ:      Нэг л өөр болоод байна.
Гэрэлмаа:   Нээрээ өөр болоод байна уу?
Энхээ:      Яах аргагүй өөр болсон байна.
Гэрэлмаа:   Тэгвэл яасан юм бол оо, сэтгэл хөдөлсөн юм байлгүй дээ.
Энхээ:      Юунд сэтгэл хөдөлдөг билээ?
Гэрэлмаа:   Юу эс мундах вэ дээ. Үгүй, Энхээ! Би чамаас нэг юм асууя.
Энхээ:      Би дуртай сонсъё.
Гэрэлмаа:   Тун хэрэггүй юм шүү.
Энхээ:      Ямар ч гэсэн яах вэ.
Гэрэлмаа:   Хэрэв надад... үгүй, үгүй ... биш, хүний нэг сэжигтэй захидал чамд тааралдвал чи задлах уу?

## 第4课  ДӨРӨВДҮГЭЭР ХИЧЭЭЛ

| | |
|---|---|
| Энхээ: | Мэдэхгүй. Ер нь яах бол. Хүний захидлыг арай задлахгүй байх аа, үгүй магадгүй шүү, задалчихаж. |
| Гэрэлмаа: | Тэгвэл чамд ирсэн нэг захидлыг би задалчихсан. Надад битгий муу юм санаарай. |
| Энхээ: | Юу гэж муу юм санах вэ дээ. |

### 4.1.1 Тайлбар

1. юу гэж цочих вэ?为什么惊恐不安啊?

юу гэж意为"为什么",相当于яагаад。例如该对话中的"Юу гэж муу юм санах вэ дээ。"再如：Би юу гэж түүнд туслах вэ？（我为什么要帮他？）注意，如果гэж后面出现表示叙述、思考意味的词,那么与这里的юу гэж意思不同。例如：Та юу гэж бодож байна?(您怎么看？您怎么想？)

2. Нэг л өөр болоод байна.有点不一样。

这里нэг л是"有一点儿"的意思。口语中нэг的用法很丰富,除了作数词,表示数量,还可以作副词,表示程度等。例如：Би нэг бодоодохьё.(我想一下)。再如：Энх ч нэг их гуйгаад байсангүй.(恩和也不曾特别地请求过。)

нэг还表示"一致""同一"。例如：Бид хоёрын санаа нэг.(我们的想法一致)。再如：Нэг дор суух(坐在一起),нэг дуугаар зөвшөөрөх(齐声赞同),等等。

3. Юу эс мундах вэ дээ.事情多的是。

这是一种口语表达,相当于хийх юм маш их байна.

4. Ер нь яах бол?一般会怎么样呢？

这里бол是疑问语气词,含有"思索""推测"的意味。如：Хэрэв танд ийм зүйл таарвал та яах бол.(如果您遇到这种事情您会如何呢？)

5. үгүй магадгүй шүү, задалчихаж. 不，没准儿，会拆。

这里задалчихаж是省略形式,完整的形式应该是задалчихаж магадгүй。另外完成体后缀-чих在口语中也常用。例如：Та намайг энэ өрөөнд суулгачихаарай.(您就让我住这个房间吧。)

### 4.1.2 Шинэ үгс

| | | |
|---|---|---|
| цочих | （动） | 受惊 |
| сандрах | （动） | 慌张,慌乱 |
| мундах | （动） | 不够,不足,缺少 |
| сэжигтэй | （形） | 有疑问的 |
| тааралдах | （动） | 遇到,遇见 |
| Энхээ | （人名） | 恩和 |
| Гэрэлмаа | （人名） | 格尔乐玛 |
| яах аргагүй | （词组） | 毫无办法,的的确确 |

# 4.2 Унших сэдэв

## УУЧЛАХ ГЭДЭГ УХААНЫХ

Дунд сургуулийн нэг багш сурагчдаасаа нэгэн туршилтанд оролцохыг хүсч байгаа эсэхийг нь асуулаа. Мэдээж энэ нь амьдралын гэсэн тодотголтой байсан учраас, тэд ч дуртай нь аргагүй зөвшөөрөв. Тэгтэл багш нь дараагийн өдөр хүүхэд тус бүрийг 5 кг төмс, 1 гялгар уутан тор авчрах даалгавар өгөхөд нь хүүхдүүд, багшийнхаа чухам яах гээд байгааг ойлгоогүй ч маргааш нь хүүхэд тус бүрийн ширээн дээр нь төмс, гялгар уутнууд бэлэн болсон байв. Багш анги руугаа ороод, сурагчиддаа:

"За одоо та нар өнөөдрийг хүртэл үзэн ядаж байсан юм уу, дургүй хүмүүсийнхээ нэрийг, нэг нэг төмсөн дээр бичээд, тор луугаа хий" гэж хэлэв. Ийн хэлээд удаа ч үгүй байхад зарим хүүхдийн торонд хэдхэн төмс орсон байхад заримынх нь бүр дүүрэн болсон харагдана. Ингээд бүх хүүхдүүд торондоо төмсөө хийж дууссаных нь дараа, багш нь:

"Одоо та нар төмстэй тороо, хаа явсан газраа авч яв. Унтахдаа орныхоо хажууд тавь, автобусанд суухдаа тэр ч байтугай хичээлд ирэхдээ хүртэл авч яваарай" гэж хэлэв.

Энэ өдрөөс хойш долоо хоног өнгөрөв. Ингээд тогтсон хугацаа болж, багшийг ангид ороход "Багшаа ийм хүнд ачааг үргэлж барьж явах надад хэцүү байна, багшаа төмснүүд ялзарч эхэлсэн, би залхаж ядарч байна" гэх зэрэг үргэлжилсэн их гомдол тавьжээ.

Гэтэл багш нь инээмсэглэн "Аливаа хүнийг уучлахгүй байх нь тэднийг биш өөрийгөө шийтгэж байдаг юм гэдгийг, та нар ойлгосон гэж бодож байна. Ингэснээрээ бид өөртөө л хүнд ачаа үүрдэг. Ер нь эцэст нь хэлэхэд бусдыг уучилна гэдэг бол, чиний, өөрөө өөртөө хийж байгаа сайн зүйл юм" гэж хэллээ.

### 4.2.1 Шинэ үгс

| | | | |
|---|---|---|---|
| туршилт | (名)实验,试验 | гялгар уут | (词组)塑料袋 |
| эсэх | (后)非,否 | үзэн ядах | (词组)厌恶,仇视 |
| мэдээж | (形)众所周知的,显而易见的 | дүүрэн | (形)满的 |
| | | үргэлж | (副)经常,常常 |
| тодотголтой | (形)明确的,确定的 | ялзрах | (动)腐烂 |
| гялгар | (形)光亮的,亮闪闪的 | залхах | (动)责备,厌倦 |
| уут(н) | (名)袋子 | үргэлжлэх | (动)持续,延续 |

# 第4课　ДӨРӨВДҮГЭЭР ХИЧЭЭЛ

| | | | |
|---|---|---|---|
| гомдол | (名)抱怨,怨恨 | шийтгэх | (动)惩罚,处分 |
| инээмсэглэх | (动)微笑 | үүрэх | (动)背负,担当 |

## 4.2.2 Тайлбар

1. Дунд сургуулийн нэг багш сурагчдаасаа нэгэн туршилтанд оролцохыг хүсч байгаа эсэхийг нь асуулаа.

   一位中学老师问学生们是否希望参加一项试验。

   动词асуу-要求询问的对象变从格,而询问的内容变宾格。

   нь是对第三人称"сурагчид"而言。

2. Мэдээж энэ нь амьдралын гэсэн тодотголтой байсан учраас, тэд ч дуртай нь аргагүй зөвшөөрөв.

   众所周知,由于这是一个关于生活的试验,因此他们非常乐意地接受了。

   мэдээж在句中作插入语,有时以"мэдээжээр""мэдээжийн хэрэг"形式出现。经常译为"当然""显然""不言而喻"等。

3. Ийн хэлээд удаа ч үгүй байхад зарим хүүхдийн торонд хэдхэн төмс орсон байхад заримынх нь бүр дүүрэн болсон харагдана.

   话音刚落不久,有的孩子已经在袋子里装了几个土豆,有的甚至都装满了。

   ийн相当于ингэж,只用于书面。

4. эсэх: 动词,意为"否"。用于主格形动词之后,表示动作完成与否。一般以形动词将来时形式出现。如:

   Өвөлжөөнд буух болж байгаа эсэх нь, тэмээн сүргийг ажиглахад чухал. 是否驻扎冬营地,观察驼群很重要。

   Танай багш таван хэлний ном мэддэг эсэхийг сонирхсон юм. 非常感兴趣你们老师是否掌握五种语言。

   注:"эсэх"有时可用在某些形容词之后,如:

   Зөв эсэхийг шалгаж үзэв. 检查过正确与否。

   Зохимжтой эсэхийг та өөрөө үз. 您自己看看是否合适。

5. "тэр ч байтугай": 习惯用语,意为:"非但如此,甚至,连"。多用于句中,连接词或词组,表示跟进一层的意义,含有递进、强调之意。如:

   "Унтахдаа орныхоо хажууд тавь, автобусанд суухдаа тэр ч байтугай хичээлд ирэхдээ хүртэл авч яваарай" гэж хэлэв. 老师说:"睡觉的时候要放在床边,别说坐公共汽车,就连上课时也要带着。"

   Энэхүү нян бол сая, тэр ч байтугай тав, арван сая өвчтөнд ганц удаа таардаг (тохиолддог) эд.

   这种细菌是在一百万,甚至五百万、一千万个病人身上才能遇到一次的东西。

6. "Ингэснээрээ бид өөртөө л хүнд ачаа үүрдэг. Ер нь эцэст нь хэлэхэд бусдыг уучилна гэдэг бол, чиний, өөрөө өөртөө хийж байгаа сайн зүйл юм" гэж хэллээ. 老师说道："这样一来，我们给自己背负上了沉重的包袱。总之，最后要说的是，原谅别人，是你自己给自己做的一件好事。"其中，"өөрөө""өөртөө"：分别为自身代词的主格和给在格形式。单数自身代词的词干是"өөр"，自身代词主格形式必须带有无人称反身后缀即"өөрөө"。当自身代词表示行为主体本身时，变格后一般都要加上无人称反身后缀。如：

Оюунгэрэл өөрийгөө ертөнц дээрх хамгийн жаргалтай хүний нэг гэж тооцдог болсон ажээ. 奥云格尔勒认为自己是世界上最幸福的人之一。

Ингэж шийдэх чинь таарах уу, үгүй юү гэж өөрөөсөө асуумаар юм биш үү? 难道不该问问自己，这样决定对还是不对？

## 4.3 Дасгал

**Дасгал 1** Бичлэг сонсож "Харилцан яриа"–г унш. Амаар орчуулаад дадамгай эзэмшээрэй.

**Дасгал 2** Бичлэг сонсож "Уншнх сэдэв"–ийг дахин дахин унш.

**Дасгал 3** "Уншнх сэдэв"–ийг хятадаар орчуул.

**Дасгал 4** Бичлэг сонсож өгүүлбэр бичээд хятадаар орчуул.

**Дасгал 5** Өгүүлбэр зохио.
1. эсэх
2. мэдээж
3. удаа ч үгүй
4. тэр ч байтугай
5. аргагүй
6. нэг л
7. ямар ч гэсэн
8. магадгүй
9. тааралдах
10. үзэн ядах

## 第4课   ДӨРӨВДҮГЭЭР ХИЧЭЭЛ

**Дасгал 6 Монголоор орчуул.**
1. 飞机是否能够准时起飞取决于天气。
2. 巴特以前借了我的钱从来不还，所以这一次我当然不能再借给他了。
3. 9月1号开学了！不仅各个院系的学生来到校门口迎接新同学，连校领导们也来迎接他们。
4. 有什么好的建议说出来吧。我洗耳恭听。
5. 你为什么那么紧张？放心吧，没事的。
6. 生活中不期而遇的事情真是太多了。
7. 私拆别人信件是不对的。
8. 请于本月21日之前告之是否参加本次会议。
9. 这个只上过小学的孩子，通过自学上了大学，甚至还考上了研究生。
10. 对这件事，不但大人，就是小孩也应该知道。

**Дасгал 7 Монголоор зохион бич: "Дотно байрныхан".**

**Дасгал 8 Дараахь нэмэлт бичвэрийг уншиж сайн ойлго.**

### Хадаас

Батдорж 20 нас хүрчээ. Тэрээр аль хэдийнээ юм бүхнийг ухаарах насандаа хүрсэн хэдий ч үргэлж бусдыг гомдоож, аль л болж, бүтэхгүй зүйлсийг хийж явдаг байлаа. Тэгтэл нэг өдөр түүнд аав нь:

-Чи хэн нэгнийг гомдоох, ямар нэгэн буруу зүйл хийх бүртээ энэ ханданд хадаас хадаж бай" гэжээ. Өдөр хоног өнгөрөх бүрийд түүний хадах хадаас цөөрсөөр нэг л өдөр нэг ч хадаас хадсангүй. Тэгээд Батдорж аавдаа "За, та харав уу? Би өнөөдөр нэг ч хадаас хадсангүй. Би сайн хүн болсон байгаа биз дээ" гэхэд аав нь:

-За чи тэгвэл үүнээс хойш бусдыг баярлуулж, сайн үйл хийх бүртээ хадсан хадааснаасаа сугалж аваарай гэлээ.

Тэгээд өдөр хоног өнгөрөх бүр ханан дахь хадаасууд цөөрсөөр нэг л мэдэхэд нэг ч хадаас ханнанд үлдсэнгүй. Үүнийг хараад Батдорж аавдаа "Та хар даа. Ханаанд нэг ч хадаас үлдсэнгүй. Би сайн үйлстэн болсон байгаа биз" гэв. Эцэг нь "Тиймээ, хананд нэг ч хадаас үлдсэнгүй. Гэхдээ хадаасны нүх үлдсэн байна" гэж хэлсэн гэдэг.

Энэ үлгэрийн гол утга санаа нь "Чи муу үйл хийж байгаад түүнийгээ засч сайн хүн болсон ч хүний зүрх сэтгэлд хийсэн муу бүхэн чинь шарх болон үлддэг юм шүү" гэдгийг сургажээ.

1. Ханан дээрх хадаас юуг тэмдэглэх вэ?

2. Ханан дээр үлдсэн хадаасны нүх юуг тэмдэглэх вэ?
3. Таны бодлоор энэ үлгэрийн утга юу вэ?

**Шинэ үгс**

| | | |
|---|---|---|
| аль хэдийнээ | （词组） | 早已 |
| ...хэдий ч | （词组） | 尽管已经…… |
| хадаас(н) | （名） | 钉子 |
| ухаарах | （动） | 明白，了解，觉悟 |
| гомдоох | （动） | 令人感到遗憾，使人埋怨 |
| бүтэх | （动） | 完成 |
| хадах | （动） | 钉上，钉住；缝上；割，收割 |
| бүрий | （后） | 每一个，任一个 |
| цөөрөх | （动） | 变少，减少 |
| баярлуулах | （动） | 使高兴，使喜悦 |
| сугалах | （动） | 抽出，拔出 |
| үйлстэн | （名） | 做……事的人，事业家，活动家 |

# 第 5 课

# ТАВДУГААР ХИЧЭЭЛ

> 5.1 Харилцан яриа
> 　5.1.1 Тайлбар
> 　5.1.2 Тайлбар
> 　5.1.3 Шинэ үгс
> 5.2 Унших сэдэв
> 　ЛУУВАН, ӨНДӨГ, КОФЕ
> 　5.2.1 Шинэ үгс
> 　5.2.2 Тайлбар
> 5.3 Дасгал

## 5.1 Харилцан яриа

Нэгэн жуулчин усанд шумбах гэж байж ядавч матраас айх тул хөтчөөс
- Энд матар байдаггүй биз дээ? гэхэд хөтөч:
- Санаа зоволтгүй ээ. Матар байхгүй гэжээ. Жуулчин ус руу зориглож ороод сэлэн шумбаж гарчээ. Тэгээд бүр цааш одсон хойноо дахиад л
- Энд матар байдаггүй гэдэгт та яагаад ийм итгэл төгс байдаг билээ? гэж асуухад, хөтөч:
- Матар аварга загаснаас айдаг юм шүү дээ.

### 5.1.1 Тайлбар

1. Нэгэн жуулчин усанд шумбах гэж байж ядавч матраас айх тул хөтчөөс... 一位游客很想戏水却害怕鳄鱼，所以问导游……
　　ядах,不能……，难以……，байж ядах 是"忍不住"的意思。再如：тэсч ядах（无法忍受），үзэн ядах（仇视）等。
　　айх 要求其宾语用从格，即юунаас айх，例如：Матар аварга загаснаас айдаг（鳄鱼害怕鲨鱼）。再如：цагдаагаас айх（害怕警察）。

这个句子中хөтчөөс后面省略了асуух，完整的形式应该是хөтчөөс асуух（问导游）。Асуух要求其间接宾语用从格。例如：багшаас асуух（问老师）。再如：Бат үүнийг аавaacaa асуусан юм.（巴特问了爸爸这件事。）

2. Энд матар байдаггүй биз дээ?这里没有鳄鱼吧？

   биз дээ为推测语气，例如：Та нар сайн биз дээ?（你们还好吧？）

3. Тэгээд бүр цааш одсон хойноо дахиад л然后游远之后又（问）

   хойноо，实为хойно+оо→хойноо。例如：Би явсан хойноо чам руу утасдья.（我走了之后给你打电话。）

4. Энд матар байдаггүй гэдэгт та яагаад итгэл төгс байдаг билээ?您怎么确信这里没有鳄鱼呀？

   итгэл төгс байх，确信、充满信心，前面的词用给在格。例如：Ирээдүйд итгэл төгс байна.（对未来充满信心。）

5. аварга загас鲨鱼。Аварга在这里是巨大的、大型的意思。例如：аварга могой（蟒蛇），аварга гүрвэл（恐龙）。此外，аварга还有"冠军"的意思。例如：дэлхийн аварга（世界冠军）。

Хүү:    Чи аав ээж хоёрынхоо алинд илүү хайртай вэ?

Охин:   Би ээждээ илүү хайртай.

Хүү:    Би хоёуланд нь адилхан хайртай.

Охин:   Би ч гэсэн хоёуланд л хайртай л даа. Гэсэн ч ээждээ л илүү хайртай.

Хүү:    Би хоёуланд нь хайртай болохоороо алинд нь илүү хайртайгаа мэддэггүй юм. Ээж эзгүй бол ээждээ илүү хайртай юм шиг, аав эзгүй бол аавдаа илүү хайртай юм шиг...

## 5.1.2 Тайлбар

1. Би ч гэсэн хоёуланд л хайртай л даа. 我也是两个人都爱呀。

   ч гэсэн是"也"的意思。例如：Бид хоёр ч гэсэн од болмоор байна.（我们两个也想成为明星。）而下文中出现的"гэсэн ч"意为"虽说如此""但是"。例如：Махны үнэ буурч байна, гэсэн ч ядуу хүн авч дийлэхгүй.（肉价在下降，尽管如此穷人还是买不起。）

2. Ээж эзгүй бол ээждээ илүү хайртай юм шиг, аав эзгүй бол аавдаа илүү хайртай юм шиг...好像妈妈不在的时候更爱妈妈，爸爸不在的时候更爱爸爸。эзгүй，无人的，不在的。例如：эзгүй арал（荒岛）。

## 5.1.3 Шинэ үгс

| хөтөч | （名） | 导游 |
| матар | （名） | 鳄鱼 |

| зориглох | (动) | 鼓起勇气,力图 |
| төгс | (形) | 完全的,全然的 |
| эзгүй | (形) | 无主人的,……不在的 |

##  5.2 Уншиx сэдэв

### ЛУУВАН, ӨНДӨГ, КОФЕ

Аав охин хоёр ярилцаж байлаа. Охин, амьдрал нь бэрхшээлээр дүүрэн байгааг, өөрт нь их хүнд хэцүү юм их тулгардгийг, ийм их асуудлыг хэрхэн даван туулахаа мэдэхгүй байгаагаа аавдаа ярьжээ.

Үүнийг сонссон аав нь "Аав нь чамд нэг юм үзүүлье!" гээд охиныг дагуулан гал зуухныхаа өрөөнд оржээ. Охины аав алдартай тогооч хүн байлаа. Зуухан дээр ижил хэмжээний устай гурван сав тавьжээ. Эхний савтай усанд лууван, дараагийн савтай усанд нэг өндөг, сүүлийн савтай усанд бүхэл кофе хийж ижил гал дээр буцалгажээ. Бүгдийг нь 20 минут буцалгаад гаргав. Дараа нь ширээн дээр хоёр таваг, нэг аяга авчирч тавиад тавагнуудад өндөг лууванг, аяганд кофег хийв.

- За охин минь эд нар юу вэ?

- Лууван, өндөг, кофе.

- Тэгвэл ямархуу болцтой байгааг нь хэл дээ.

Охин лууванг сэрээгээр хатгаж үзэхэд нэлээд зөөлөрсөн, өндгийг хальслахад хэтэрхий их болж хатуурсан, харин кофег амтлахад сайхан амттай болсон байв.

- Аагаа та яагаад үүнийг надад үзүүлж байгаа юм бэ?

- Охин минь, бүгдийг нь ижил хэмжээтэй усанд, ижилхэн гал дээр, адил хугацаанд чанахад бүгд өөр өөр болсон байна. Лууван эхэндээ хатуу байсан ч буцалгасны дараа хэтэрхий зөөлөрсөн. Өндөг шингэн байсан ч буцалгасны дараа хэтэрхий хатуурсан. Харин нэг атга гашуун кофе бүр сайхан амттай болж буцалж байхдаа ч сайхан үнэртэж байсан. Охин минь, чи эдгээрийн аль нь вэ? Бэрхшээлтэй тулгархаараа яадаг вэ? Лууван уу, өндөг үү, кофе юу?

### 5.2.1 Шинэ үгс

| туулах | (动)度过 | ямархуу | (形)是什么样的,什么的 |
| гал зуухны өрөө | (词组)厨房 | хатгах | (动)刺,戳 |
| ижил | (形)一模一样的 | хальслах | (动)去皮,削皮 |
| лууван | (名)萝卜 | зөөлрөх | (动)变软 |
| болц | (名)成熟度 | хатуурах | (动)变硬 |

атга　　　　　（量）一把　　　　　тулгарах　　（动）突然遇见,面临,邂逅
үнэртэх　　　（动）散发气味,嗅

**5.2.2 Тайлбар**

1. Охин, амьдрал нь бэрхшээлээр дүүрэн байгааг, өөрт нь их хүнд хэцүү юм их тулгардгийг, ийм их асуудлыг хэрхэн даван туулахаа мэдэхгүй байгаагаа аавдаа ярьжээ.

女儿告诉爸爸,她的生活充满了困难,自己总是遇到很艰难的事情,而自己又不知道该如何解决这些问题。

这是一个多重复合句,主句是"Охин ... аавдаа ярьжээ.",宾语是三个并列的从句,它们分别是:

амьдрал нь бэрхшээлээр дүүрэн байгаа

өөрт нь их хүнд хэцүү юм их тулгардаг

ийм их асуудлыг хэрхэн даван туулахаа мэдэхгүй байгаа

2. Үүнийг сонссон аав нь "Аав нь чамд нэг юм үзүүлье!" гээд охиныг дагуулан гал зуухныхаа өрөөнд оржээ.

本句话出现两次"нь",前者是对охин而言,后者指的是说话者的"自称"。

3. тулгарах:本课出现两种用法。

搭配格式是:

（1）юу хэнд тулгарах或хэнд юу тулгарах

（2）хэн юутай тулгарах

"өөрт нь их хүнд хэцүү юм их тулгардгийг"给在格+主格+тулгарах,有"面临"之意,通常指某人面临的任务、责任、危险等。译为:"自己面临着许多困难"。又如:

Энэ жилийн хадлангаа авч дуусаад гэртээ иртэл өвөлжөө барих ажил надад тулгарлаа.

收割完今年的草料,回到家,我面临搭建冬营地的工作。

"Бэрхшээлтэй тулгарахаараа яадаг вэ?"

共同格+тулгарах,有"突然遇到""邂逅""相互碰到"之意。直译为:"(你)遇到困难时怎么办?"又如:

Оройн жавар сөрөн цаст хөндийг туулж хэсэг ойн зах руу ортол гэнэт дайсны их хүчтэй тулгарав. 顶着夜晚的寒风,穿过覆盖积雪的河谷,进入一片林子时,突然与敌人的主力遭遇。

4. зөөлрөх, хатуурах:名词、形容词+后缀"-р"派生成动词。以"н"结尾的词加"р"时,"н"要去掉。如:ухаан — ухаарах（醒悟）, сул—сулрах（松弛）, хөгшин—хөгшрөх（变老）, туяа—туярах（发光）。

# 5.3 Дасгал

**Дасгал 1** Бичлэг сонсож "Харилцан яриа" –г унш. Амаар орчуулаад дадамгай эзэмшээрэй.

**Дасгал 2** Бичлэг сонсож "Унших сэдэв"-ийг дахин дахин унш.

**Дасгал 3** "Унших сэдэв"-ийг хятадаар орчуул.

**Дасгал 4** Бичлэг сонсож өгүүлбэр бичээд хятадаар орчуул.

**Дасгал 5** Өгүүлбэр зохио.
1. ядах
2. итгэл төгс
3. хойноо
4. болохоороо
5. даван туулах
6. ямархуу
7. өөр өөр болох
8. -тай тулгарах
9. ч гэсэн
10. гэсэн ч

**Дасгал 6** Монголоор орчуул.
1. 唉,真可怜,那只流浪狗死了。
2. 你这家伙,吓我一跳。
3. 外面忽然狂风大作。
4. 别高兴得太早,还得继续努力啊!
5. 保护环境是我们在发展经济的过程中遇到的新问题。
6. 新中国成立之后,很多困难摆在了中国人民的面前。尽管如此,经过几十年的努力,我们终于渡过了难关,过上了幸福的生活。
7. 期末考试刚刚结束,又要面对英语六级的考试。
8. 遇到困难时,他常常拉拉马头琴。
9. 同样在一所学校,一个班级学习,可成绩各不相同。
10. 他数学成绩不及格,可做了半个月练习后,考到了80分。

11. 后来发生了什么谁也不知道。
12. 在那座荒岛上栖息着很多鸟类。
13. 苏伦忍不住想拆开信封看看。
14. 连我也不告诉吗?

**Дасгал 7 Монголоор зохион бич: "Хичээл дээр".**

**Дасгал 8 Дараахь нэмэлт бичвэрийг уншиж сайн ойлго.**

### Найз

Вьетнамын дайны дараа... Гэртээ харих гэж буй нэгэн цэрэг Сан Франциског оос гэр лүүгээ залгажээ.

- Ааваа, ээжээ би харих гэж байна. Эхлээд нэг юм гуйж болох уу? Би нэг найзтайгаа хамт очих гэсэн юм.

- Тэгэлгүй яахав. Найзтай чинь танилцахдаа баяртай байх болно.

- Заавал хэлэх хэрэгтэй бас нэг зүйл байна. Найз маань дайны үеэр тэсрэх бөмбөгт өртөж шархтаад нэг хөл, нэг гаргүй болчихсон. Өөр очих газар байхгүй болохоор бидэнтэй хамт амьдрахыг зөвшөөрөөч!

Үүнийг сонсоход - Харамсалтай байна, хүү минь. Түүний байж болох өөр газар олоход нь тусалж болох юм.

- Үгүй ээ ээжээ, аав аа түүнийг бидэнтэй хамт байлгахыг хүсч байна.

- Хүү минь, түүнийг биднээс юу хүсч байгааг нь чи мэдэхгүй байна. Түүн шиг тахир дутуу хүн бидэнд хүнд ачаа болно. Бид өөрсдийн гэсэн амьдралтай улс. Ийм мэт зүйл бидний амьдралд төвөг дарамт болохыг бид зөвшөөрөхгүй. Чи наад найзаа мартаад гэртээ хүрээд ир.

Яг энэ үед хүү утсаа тасаллаа. Хүүгийн гэр бүл хэсэг хугацаанд хүүгээсээ сураг сонссонгүй холбоо тасрав. Хэд хоногийн дараа Сан Франциског ийн цагдаагийн газраас гэр лүү нь залгаж хүүг нь өндөр байшингийн дээрээс унаж нас барсныг дуулгав. Цагдаа үүнийг азгүй тохиолдол биш амиа хорлолт гэлээ.

Гүн эмгэнэлд автсан эцэг эх хоёр тэр дороо Сан Франциско руу нисэн очиж хүүгийнхээ цогцсыг танихаар хотын эмнэлэг рүү очив. Аав ээж хоёр нь хүүгээ тэр дор нь л танилаа. Харин хэзээ ч төсөөлөөгүй байсан зүйлийг мэдээд харамсан амаа барив... Хүү нь зөвхөн нэг гар, нэг хөлтэй байлаа.

1. Аав ээжийнх нь хандлага яагаад өөрчлөгдсөн бэ?
2. Таны бодлоор хүүд энэ эмгэнэлт явдлаас зайлсхийх боломж байсан уу?

**Шинэ үгс**

| | | |
|---|---|---|
| Вьетнам | （名） | 越南 |
| Сан Франциско | （名） | 旧金山（圣弗兰西斯科） |
| дайн | （名） | 战争 |
| тэсрэх | （动） | 爆炸，爆破 |
| тэсрэх бөмбөг | （词组） | 炸弹 |
| өртөх | （动） | 承受，遭受，被打中 |
| шархтах | （动） | 负伤，受伤 |
| тахир | （形） | 残疾的，弯曲的 |
| төвөг | （名） | 麻烦，累赘 |
| дарамт | （名） | 负担 |
| цагдаа | （名） | 警察 |
| азгүй | （形） | 不幸的，不走运的，倒霉的 |
| тохиолдол | （名） | 遭遇，事故 |
| хорлолт | （形） | 伤害，祸害，杀害 |
| эмгэнэл | （名） | 悲哀，悲痛 |
| цогцос | （名） | 躯体 |
| амиа хорлолт | （词组） | 自杀 |

# 第 6 课

## ЗУРГАДУГААР ХИЧЭЭЛ

> 6.1 Харилцан яриа
>> 6.1.1 Тайлбар
>> 6.1.2 Шинэ үгс
>
> 6.2 Унших сэдэв
>> АМЖИЛТЫН ТҮЛХҮҮР
>> 6.2.1 Шинэ үгс
>> 6.2.2 Тайлбар
>
> 6.3 Дасгал

## 6.1 Харилцан яриа

Сүрэн: Сайхан зусаж байна уу?

Хүрэл: Сайхаан. Хаанаас хаашаа зорьж явна даа?

Сүрэн: Сумаас гарлаа. Гэртээ очих санаатай.

Хүрэл: Таныг би сая Дэндэв дарга юм болов уу гэж бодоод айлаа шүү.

Сүрэн: За, юунд даргаасаа айдаг билээ?

Хүрэл: Яах вэ дээ. Адуугаа явуулчихаад хээр лимбэ орилуулж суувал дарга уурлана ш дээ.

Сүрэн: Чи адуучин хүн үү?

Хүрэл: Тийм.

Сүрэн: Саяны тоглож байсан чинь юу гэдэг дуу вэ?

Хүрэл: Хн... Дуу биш ээ.

Сүрэн: Юу гэнэ ээ? Тэр чинь юу гэсэн үг вэ?

Хүрэл: Яах вэ дээ. Би санаанаасаа зохиогоод л.

Сүрэн: За, чи тэр аялгуугаа дахиад нэг лимбэдээд орхи доо.

Хүрэл: Яах юм бэ? Шал дэмий.

Сүрэн: Хаанаас даа. Тун сайхан ая байна даа. Тун сайхан... Юу гэдэг нэртэй вэ?

Хүрэл: Нэр байхгүй ээ. Зүгээр л.

# 第6课　ЗУРГАДУГААР ХИЧЭЭЛ

Сүрэн: Чамд ийм ая олон бий юү?

Хүрэл: Ганц нэг юм бий.

Сүрэн: Чи энэ аянуудаа бичиж тэмдэглэдэг үү?

Хүрэл: Юу гэнэ ээ?

Сүрэн: Чи нот мэдэх үү?

Хүрэл: Хөгжмийн үсэг үү? Мэдэхгүй.

Сүрэн: Чи өөр хөгжим тоглодог уу?

Хүрэл: Морин хуур тоглож чадна.

Сүрэн: Өөр.

Хүрэл: Манай энд өөр хөгжим байдаггүй юм.

## 6.1.1 Тайлбар

1. Сайхан зусаж байна уу? 夏天过得好吗？

    在口语中，蒙古人有按照季节进行问候的习惯。

    例如：Сайхан өвөлжиж байна уу? (冬天过得好吗?)

    Сайхан хаваржиж байна уу? (春天过得好吗?)

    Сайхан намаржиж байна уу? (秋天过得好吗?)

2. Яах вэ дээ. 没什么。

    表示"没什么""不要紧"的意思。有时也写作Яахав дээ.

    例如：- Захисан юмыг чинь авч амжсангүй. Дэлгүүр хаачихжээ. (你要的东西没来得及买。商店关门了。)

    - Яахав дээ. (没关系。)

3. Би санаанаасаа зохиогоод л. 我就自己编的。

    本句以先行副动词形式结句，实际上是省略句。完整的应该是зохиогоод л байна.

4. Шал дэмий. 胡编乱造的、毫无用处的。

    дэмий, 荒唐的、无用的。шал是副词，意为完全地、全然地。一般修饰略带有负面意义的形容词。如：шал худал (胡说), шал өөр (完全不同), шал ондоо (完全不同)。

## 6.1.2 Шинэ үгс

| зусах | （动） | 过夏天 |
| лимбэ | （名） | 笛子 |
| орилуулах | （动） | 使高声喊叫，使尖叫 |
| зохиох | （动） | 编，编写 |
| аялгуу | （名） | 方言，曲调 |
| орхих | （动） | 丢下 |
| шал | （副） | 完全地，全然地 |

| дэмий | (形) | 荒唐的,无用的 |
| ая(н) | (名) | 旋律,音韵 |
| нот | (名) | 音符,乐谱 |
| хөгжим | (名) | 音乐;乐器 |

## 6.2 Унших сэдэв

### АМЖИЛТЫН ТҮЛХҮҮР

Тэр жил хатагтай Ричель 5-р анги дааж авчээ. Тэдний ангид Девид гэдэг нэг хүү байжээ. Тэр хүү байнга хиртэй хувцастай, үс нь арзайж сэгсийсэн, ангийнхантайгаа нэг их нийлдэггүй болохыг багш нь ажиглажээ.

Хатагтай Ричель Девидийн хувийн хэргийг нь уншиж эхлээд маш их гайхжээ. Учир нь нэгдүгээр ангийн багш нь "Девид маш ухаантай, сэргэлэн цовоо, гэрийн даалгавраа тогтмол хийдэг, найз нөхөдтэйгээ эвтэй найртай" гэжээ.

Харин цааш нь хоёрдугаар ангийн багш нь " Маш сайн сурагч. Гэвч ээж нь хүнд өвчин туссан учир хэцүү байгаа бололтой. Ар гэрийн амьдрал нь хүнд байж магадгүй" гэсэн байв.

Гуравдугаар ангийн багш нь "Ээжийнх нь үхэл түүнд хүнд туссан. Аав нь нэг их анхаарал халамж тавьдаггүй. Ямар нэг арга хэмжээ яаралтай авахгүй бол ар гэрийнх нь хэцүү уур амьсгал түүнд нөлөөлнө" гэж бичсэн байлаа.

Харин дөрөвдүгээр ангийн багш нь "Девид бүрэг, хичээлдээ сонирхолгүй, ямар ч найз нөхөдгүй. Заримдаа хичээл дээр унтдаг" гэж бичив.

Хатагтай Ричель Девидийг ямар хүүхэд байсныг нь мэджээ. Удалгүй багш нарын баярын өдөр сурагчид нь хатагтай Ричельд өнгө өнгийн туузаар чимсэн цаасанд боосон бэлэг бэлэглэхэд тэрээр ихэд санаа зовжээ. Учир нь Девид түүнд бор цаасанд боосон, зарим шигтгээ нь унасан, хиймэл шигтгээтэй бугуйвч, нилээд дундарсан үнэртэй ус бэлэглэв. Девидийн энэ бэлгийг харсан хүүхдүүд инээлдэн шоолоход багш, бугуйвч өөрт нь маш их таалагдсаныг хэлж үнэртэй уснаас нь хэд хэд шүршихэд хүүхдүүд инээлдэхээ болжээ.

Тэр өдөр Девид багшдаа "Хатагтай Ричель, та яг миний ээж шиг үнэртэй байна" гэж хэлжээ. Хичээл тарсны дараа хатагтай Ричель хэсэг уйлав. Тэр өдрөөс эхлэн Девидэд анхаарал тавьж эхлэв. Анхаарах тусам Девид улам бүр сэргэж яг л урьдынх шигээ хамгийн шилдэг сурагч болжээ.

Жилийн эцсээр хатагтай Ричелийн гэрийн үүдэнд Девид нэгэн зурвас хавчуулсан байлаа. Зурваст "Та бол энэ дэлхий дээрх хамгийн сайн багш" гэсэн байлаа. Девид дунд, дээд сургуулиа амжилттай төгсөөд ажилдаа орсноос хойш ч үргэлж хатагтай Ричельд захидал бичсээр байлаа.

Дахиад хэдэн жилийн дараа илгээсэн нэг захидалдаа Девид нэг сайн бүсгүйтэй танилцсанаа бичиж, аав нь хэдэн жилийн өмнө өөд болсон тул хатагтай Ричелийг хүргэний талыг төлөөлж өгөхийг хүсээд мөн л та бол энэ дэлхийн хамгийн сайн багш гэжээ. Гэхдээ энэ удаа захидлын доор гарын үсэг зурахдаа хүний их эмч Девид гэж бичсэн байв. Хатагтай Ричель хүүгийн хуриманд очихдоо олон жилийн өмнө түүний бэлэглэж байсан бугуйвчийг зүүж, үнэртэй уснаас нь түрхэхээ мартсангүй.

Хайртай багшийгаа харсан Девид тосон угтаж, хайрлан тэврэхдээ чихэнд нь "Надад итгэж, өөрөө өөртөө итгэх итгэлтэй болгосонд тань чин зүрхнээсээ баярладаг шүү, багш аа" гэж шивнэжээ. Хатагтай Ричель хайр, нулимс дүүрэн нүдээр Девидэд "Үгүй дээ, хүү минь! Чи буруу ярьж байна. Чамтай таараалдахаасаа өмнө би багш гэдгээ мэдэрдэггүй байжээ" гэв.

## 6.2.1 Шинэ үгс

| | | | |
|---|---|---|---|
| хатагтай | (名)女士,太太,夫人 | боох | (动)包裹,捆 |
| даах | (动)承担,负责 | шигтгээ(н) | (名)镶嵌物,嵌饰物 |
| арзайх | (动)变得不光滑,变粗糙 | хиймэл | (形)人工的,人造的 |
| сэгсийх | (动)(毛发)蓬乱,散乱 | бугуйвч | (名)手镯 |
| сэргэлэн цовоо | (词组)活泼伶俐的 | бэлэглэх | (动)赠送 |
| эвтэй | (形)和睦的,友好的,融洽的 | шоолох | (动)讥笑,嘲笑 |
| найртай | (形)友好的,和睦的 | таалагдах | (动)被喜欢,受重视,称心意 |
| бололтой | (形)大概,也许 | шүршиx | (动)喷洒 |
| тусах | (动)投射;反映 | улам бүр | (词组)更加,日益 |
| тавих | (动)搁置,安放 | сэргэх | (动)振作,振奋,焕发 |
| арга хэмжээ | (词组)措施 | эцэс | (名)结尾,结果 |
| яаралтай | (形)紧急的,急忙的 | хавчуулах | (动)使夹住,使钳住 |
| уур амьсгал | (词组)气氛 | өөд болох | (词组)逝世,升天 |
| нөлөөлөх | (动)影响 | хүргэн | (名)女婿 |
| бүрэг | (形)朦胧的,昏暗的;腼腆的,羞怯的,孤僻的 | төлөөлөх | (动)代表 |
| | | шивнэх | (动)耳语 |
| тууз(н) | (名)彩带,绦子 | их эмч | (名)医师 |
| чимэх | (动)装扮,点缀,装饰 | | |

**6.2.2 Тайлбар**

1. Тэр хүү байнга хиртэй хувцастай, үс нь арзайж сэгсийсэн, ангийнхантайгаа нэг их нийлдэггүй болохыг багш нь ажиглажээ.

   老师发现,那个孩子总是穿着脏衣服,头发乱蓬蓬的,与同学们也不太合群。

   "нэг"是基数词,主要用来修饰名词,但同时又表示许多抽象意义和转义。本课出现两处这样的搭配,即"нэг + их + 否定式静词或动词",通常译为"不太……""不怎么……""不很……"。如:

   Бие чинь нэг их сайн болоогүй бололтой.

   你的身体好像还不是很好。

   Одоохондоо дадлага хийж байгаа газар хол биш, материал аваад ирэхэд нэг их зовлонгүй.

   眼下正在实习的地方不远,取回资料不太困难。

   - За өдрийн ажил ямаршуу болов? Ядрав уу?

   - Зүгээр, зүгээр. Нэг их ядарсангүй.

   ——白天的活儿怎么样? 累吗?

   ——没事儿,不怎么累。

2. Харин цааш нь хоёрдугаар ангийн багш нь "Маш сайн сурагч. Гэвч ээж нь хүнд өвчин туссан учир хэцүү байгаа бололтой. Ар гэрийн амьдрал нь хүнд байж магадгүй" гэсэн байв.

   而后来二年级的班主任说道:"是非常优秀的学生。但母亲得了重病的缘故,好像处境艰难。家人的生活可能遇到了困难。"

   "бололтой"是形容词,有"可能、似乎、好像"之意。经常出现在句尾,作谓语。本课出现的用法是:形动词 + "бололтой"。

   如:Өнөөдөр номын дэлгүүрт эдийн засагт холбогдох ном ирэх бололтой.

   今天书店可能要来与经济有关的书。

   Сүрэн энэ байдлыг хараад ойлгож байгаа бололтой.

   苏伦看到这般情景,好像明白了。

   Ер нь ам хуурай байдаггүй хүн бололтой юм.

   总之,好像是个嘴总闲不住的人。("ам хуурай байдаггүй"指不停地吃,或者不停地说。)

   Байдлыг ажвал тэнгэр цэлмэх бололтой.

   仔细观察,天似乎要放晴。

   Уучлаарай, би хүн андуурсан бололтой, намайг уучлаарай.

   对不起,我可能认错人了,请原谅我!

   "бололтой"有时也可以出现在句中,作状语或定语。如:

   Чимэд уурласан бололтой буруу харж суув.

   其米德像是生气了,别过脸坐着。

## 第6课　ЗУРГАДУГААР ХИЧЭЭЛ

Захиаг зарлага бололтой хүн авчирсан.

信是一位像是邮差的人带来的。

3. "магадгүй"后置词,有"不一定,说不定,也许,可能,或许"之意。用在将来时形动词和并列副动词之后,充当结尾谓语的一部分。

本课的搭配格式是:静词或形动词+"байж"(或"байх")+"магадгүй"。如:

Энэхүү ном сонин байх магадгүй гэж бодмогцоо тавиураас аваад цүнхэнд хийсэн.

一想到这本书可能有趣,就把它从书架上拿下来放进书包里。

Ганцхан энэ удаагийн семинар амжилттай болсон байж магадгүй.

可能只有这次培训取得了成功。

4. Дахиад хэдэн жилийн дараа илгээсэн нэг захидалдаа Девид нэг сайн бүсгүйтэй танилцсанаа бичиж, аав нь хэдэн жилийн өмнө өөд болсон тул хатагтай Ричелийг хүргэний талыг төлөөлж өгөхийг хүсээд мөн л та бол энэ дэлхийн хамгийн сайн багш гэжээ.

又过了几年,戴维在一封发出的信中写道,他认识了一位好姑娘,因为他的父亲几年前已经故去,所以希望林茜丽女士能够代表男方(参加婚礼),同时仍然写道:"您是这个世界上最好的老师"。

"мөн л":作为副词的"мөн"在句子中位置比较灵活,经常与"л"连用,表示某一件事,某一个人继续保持先前的情况或继续进行先前的活动。有"还""还是""仍旧"之意。如:

Бороо мөн л асгасаар байх нь.

雨还是哗哗地下个不停。

- Та шинэ үсгийн хичээлд явж байгаа юу?

—您还在上新蒙文课吗?

- Мөн оролдож л байна.

—还在学着。

Дөлгөөн мөн л явах дургүй байна.

德勒庚仍旧不愿意走。

5. "бугуйвч":名词+"- вч"后缀派生出护围该事物的用具名词。如:

хуруу(手指) - хуруувч(顶针)

чих(耳朵)- чихэвч(耳套)

хүзүү(脖子)- хүзүүвч(围巾)

мөр(肩)- мөрөвч(护肩)

салхи(风)- салхивч(通风口)

6. (Девидийн энэ бэлгийг харсан хүүхдүүд инээлдэн шоолоход)① [багш, (бугуйвч өөрт нь маш их таалагдсаныг)② хэлж үнэртэй уснаас нь хэд хэд шүршихэд]③ (хүүхдүүд инээлдэхээ болжээ)④. 把这个多重复合句图解如下:

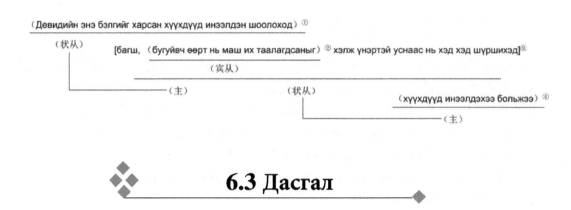

# 6.3 Дасгал

**Дасгал 1** Бичлэг сонсож "Харилцан яриа" –г унш. Амаар орчуулаад дадамгай эзэмшээрэй.

**Дасгал 2** Бичлэг сонсож "Унших сэдэв"–ийг дахин дахин унш.

**Дасгал 3** "Унших сэдэв"–ийг хятадаар орчуул.

**Дасгал 4** Бичлэг сонсож өгүүлбэр бичээд хятадаар орчуул.

**Дасгал 5** Өгүүлбэр зохио.

1. болов уу
2. яах вэ дээ
3. зорих
4. шал дэмий
5. бололтой
6. нэг их...
7. магадгүй
8. мөн л
9. тусах
10. таалагдах

**Дасгал 6 Монголоор орчуул.**

1. 别听他胡说八道了,他总爱胡说。
2. 老师留的作业是这个? 还是……,哎呀,忘记了。
3. 你的笛子吹得不错,跟谁学的呢? 可以教教我吗? 你还会别的乐器吗?
4. ——奥云蒙语歌唱得真不错! ——哪里哪里,我就是唱着玩的。
5. 他刚转到我们学校,不太爱说话,也不太合群。

## 第6课  ЗУРГАДУГААР ХИЧЭЭЛ

6. 用这种方法煮的奶茶,不太美味。
7. 明天校领导可能来我们教研室,与师生座谈。
8. 可能只有这次考试考得不错。
9. 父母忙于生意,也不怎么关心他。
10. 他仍旧穿着那件黑大衣,带着金丝边眼镜。
11. 他是个聪明伶俐的孩子,跟同学们的关系也很和睦。

**Дасгал 7** Монголоор зохион бич: "Амжилтанд хүрэхийн тулд юу юу хийх хэрэгтэй вэ?"

**Дасгал 8** Дараахь нэмэлт бичвэрийг уншиж сайн ойлго.

### Амжилтын тухай үнэн

Одоогийн энэ сайхан цаг үед бид "амжилтанд яаж хүрэх вэ?" гэсэн мэдээллийг бараг дуртай газраасаа олж мэдэж, унших боломжтой болсон. Амжилтанд хүргэх янз бүрийн стратеги, тактикууд байдаг. Дагаж чадвал ихэнх нь үйлчилдэг. Харин бид түүнийг олж мэдэж, амьдралдаа хэрэглэж байна уу гэдэг чухал.

Амжилт гэдэг үг өөрөө маш чимэгтэй боловч жинхэнэ амьдрал дээр амжилтын 90% нь шорвог. Үнэн хэрэг дээрээ амжилт бол уйтгартай, залхмаар, шантармаар, ядармаар, дарамттай, зовлонтой, хэцүү...гээд тооцоод байвал дуусахгүй.

Гэхдээ амжилттай яваа бүх хүмүүс энэ шорвог талыг өдөр болгон амсаж, туулах ёстой гэдгийг сайн ойлгосон байдаг.

Хичнээн мундаг ухаантай ч, гоц авьяас чадвартай ч, суут гүн ухаантан ч гэсэн ялгаагүй энэ шорвог талыг амсана бас туулна.

Энэ шорвог тал юу вэ гэвэл "ХӨДӨЛМӨРЛӨХ".

"Уйгагүй хөдөлмөрлөсөн хүнд гайхамшиг тохиолддог."

Магадгүй та дотроо "хэлэхэд амархан л даа. Даан ч хийхэд хэцүү" гэж бодож байж болох юм. Би тантай санал нэг байна. Гэтэл амжилт бол 100% хийхэд л оршдог.

Ямар ч шалтаг хэрэггүй. Хийх ёстойгоо босоод хийх л хэрэгтэй.

Амласан амлалт, хэлсэн үгэндээ эзэн болно гэдэг үнэхээр аугаа. Тиймээс хамгийн гол нь хийх ёстой юмаа та хийж байна уу? Бид юу ч хийхгүй, амар сайхандаа жаргана" гэдэг бодлоо тархинаасаа авч хаях хэрэгтэй.

Санаж яв: Амжилт бол өдөр тутмын уйгагүй хөдөлмөр.

Амжилтын тухай үнэн: Зөвхөн уйгагүй хөдөлмөрлөж байж л амжилтанд хүрнэ. Өөр ямар ч арга зам байхгүй.

1. Бичвэрийн "шорвог" гэдэг үгийг юу гэж ойлговол таарах вэ?
2. Таны бодлоор амжилтанд хүрэхэд хамгийн чухал юм юу вэ?

**Шинэ үгс**

| | | |
|---|---|---|
| амжилт | （名） | 成绩,成就 |
| мэдээлэл | （名） | 信息,消息 |
| стратеги | （名） | 战略 |
| тактик | （名） | 战术,策略 |
| чимэгтэй | （形） | 有装饰的 |
| шорвог | （形） | 咸的 |
| шантрах | （动） | 卷刃,变钝；失望,绝望,意志消沉 |
| дарамттай | （形） | 有压力的 |
| зовлонтой | （形） | 痛苦的,折磨人的 |
| тоочих | （动） | 列举,叙述 |
| гоц | （副） | 绝,极,格外,特别 |
| суут | （形） | 英明的,突出的,杰出的 |
| гүн ухаантан | （名） | 哲学家 |
| хөдөлмөрлөх | （动） | 劳动 |
| уйгагүй | （形） | 不知疲倦的 |
| гайхамшиг | （名·形） | 奇迹；惊人的,美妙的 |
| тохиолдох | （动） | 遇见,碰见 |
| шалтаг | （名） | 理由,托词 |
| амлах | （动） | 许诺,答应 |
| амлалт | （名） | 诺言 |
| жаргах | （动） | 享福,享乐 |
| арга зам | （词组） | 方法,途径 |

# 第 7 课

## ДОЛДУГААР ХИЧЭЭЛ

```
7.1 Харилцан яриа
    7.1.1 Шинэ үгс
    7.1.2 Тайлбар
7.2 Унших сэдэв
    ЭЭЖИЙН НҮД
    7.2.1 Шинэ үгс
    7.2.2 Тайлбар
7.3 Дасгал
```

##  7.1 Харилцан яриа

| | |
|---|---|
| Намсрай: | Дулмаа. |
| Дулмаа: | Аа? |
| Намсрай: | Чи их сайхан нүдтэй юм аа. |
| Дулмаа: | Битгий тоглоом хийгээч дээ. Би чамайг тоглоно гэж бодоогүй шүү. |
| Намсрай: | Би тоглоогүй. |
| Дулмаа: | Ээж минь тэгж хэлдэг байсан юм аа. |
| Намсрай: | Ээж чинь байхгүй юм уу? |
| Дулмаа: | Байхгүй ээ. |
| Намсрай: | Ээ, хөөрхий. Дулмаа, чи говь явж үзсэн биз дээ. |
| Дулмаа: | Үгүй ээ. |
| Намсрай: | Оюутан байхдаа ч яваагүй юү? |
| Дулмаа: | Үгүй ээ. Хашаа худгийн ажлаар манай ангийнхан нэг зун явсан. Их сайхан газар гэж гайхаж ирсэн. Ээж минь өвчтэй байсан болоод би явж чадсангүй юм. Бие нь их муу байсан л даа. |
| Намсрай: | Би говь явж үзсэн. Даланзадгад орсон доо. Машинаар явсан болоод овоо л юм үзэж харсан. |

Дулмаа: Сайхан гэсэн.
Намсрай: Дулмаа, би чиний нүдийг бодож бодож нэр олсон.
Дулмаа: Ямар нэр?
Намсрай: Ботгон нүд.
Дулмаа: Ботгон нүд үү?
Намсрай: Тийм ээ. Хөөрхөн нэр байна уу?
Дулмаа: Мэдэхгүй.

### 7.1.1 Шинэ үгс

| | | |
|---|---|---|
| тэгэх | （动） | 那样做 |
| гайхах | （名） | 吃惊,惊讶 |
| бие | （名） | 身体 |
| овоо | （形） | 相当……的,挺……的 |
| хөөрхөн | （形） | 可爱的 |
| ботго(н) | （名） | 驼羔 |

### 7.1.2 Тайлбар

1. Ээж минь өвчтэй байсан болоод би явж чадсангүй юм. 因为妈妈有病了,所以我没去成。
болоод 表示原因。此句形式上虽是并列复句,实际上 болоод 前后两个分句是因果关系。

2. Машинаар явсан болоод овоо л юм үзэж харсан. 乘车去的,所以看了很多东西。
Овоо 这里是形容词,意为"相当的""挺……""很多的"。再如:овоо сайн(挺好)。
Унахад овоо сайн морь гэж санагдаад байна.(骑起来感觉是一匹挺棒的马。)

##  7.2 Унших сэдэв

### ЭЭЖИЙН НҮД

Миний ээж ганцхан нүдтэй. Тийм учраас би ээжийгээ үзэн яддаг. Ээж маань сургуулийн гуанзанд ажиллаж гэр бүлдээ тус болдог байлаа. Намайг дунд сургуульд байхад ээж маань над дээр хүрч ирээд "Миний хүү өлсч байна уу" гэж асуусан. Энэ үгэнд нь би уурлаагүй ч ээжийн муухай царай намайг үнэхээр бачимдуулсан. Асуултанд нь хариулаагүй гүйгээд явчихсан.

Маргааш нь манай нөгөө ангийн хүүхэд "Ээ, чиний ээж өрөөсөн нүдтэй юм байна лээ" гэж ангиар дүүрэн хашгирахад нь өөрийгөө үнэхээр үзэн ядаж билээ. "Яагаад заавал би" гэж хэмээн бодсоор гэр лүүгээ зүглэхдээ ээжийгээ бүүр ч илүү үзэн ядав. Гэртээ орж ирээд л шууд "Та яагаад зүгээр үхээд өгч болдоггүй юм бэ?" гэж асуув. Ээж юу ч хариулсангүй. Би энэ үгнийхээ хариултыг авах гэж хэсэг түүнийг харж зогслоо. Учир нь уур хилэнгээр шатаж байсан болохоор ээжийгээ ямар хүнд хэцүү байдалд оруулж байгаа тухай огтхон ч бодоогүй.

Энэ цагаас хойш би ээжийгээ ярихаа больж, зөвхөн маш шаргуу суралцаж эхэлсэн. Амжилттай суралцсан болохоор гайгүй сайн мэргэжил эзэмшиж гэр бүлтэй ч боллоо. Өөр хотод байшин худалдан авч хүүхэдтэй ч болов. Миний аз жаргалтай амьдралын маань утга учир эхнэр хүүхэд минь болсон байлаа. Харин ээж маань ач хүүхдүүдээ ганц ч удаа харж байгаагүйн дээр сүүлийн хэдэн жил намайг ч олж хараагүй билээ. Гэтэл нэгэн өдөр ээж маань над дээр зочилж ирэв. Ээж хаалганы дэргэд зогсчихсон, хүүхдүүд ээжийг хараад инээлдэн зогсоно. Би урилгагүй зочноос төвөгшөөж, бас уурсан "Та яах гэж ирсэн юм бэ? Яагаад хүүхдүүдийг минь айлгаад байгаа юм бэ? Бушуухан эндээс явж үз" хэмээн хашгирах шахуу хөөлөө. Ингэж хэлүүлчихээд ээж "Уучлаарай, би айл андуурсан бололтой, намайг уучлаарай" хэмээн эргэн алхахдаа өрөөсөн нүдэндээ нулимс мэлтэгнүүлж байсан. Ээж сүүлийн хэдэн жил өтөлж хөгширчээ. Өрөөсөн нүдтэйн дээр нуруу нь бас бөгтийчихсөн.

Үүнээс хойш хэдэн жилийн дараа дунд сургуулийн уулзалт болж, би төрсөн хотдоо очлоо. Уулзалтын дараа сонгууч зан хөдөлж хуучин муу гэртээ очив. Хөрш маань ээжийг нас барсан гэж надад дуулгасан. Би үүнийг сонсоод ганц ч дусал нулимс унагаагүй. Харин ээжийн надад бичсэн захидлыг хөршөөс авч уншихдаа байж боломгүй алдаа хийснээ ухаарсан.

"Хайрт хүү минь. Би чамайгаа бодоогүй өдөр зүүдлээгүй шөнө гэж байгаагүй. Гэрт чинь очиж хүүхдүүдийг чинь айлгасандаа их харамсаж байна. Олон жилийн дараа хүүгээ харахад сайхан байсан ч харамсалтай нь өрөөсөн ганц нүдний минь хараа их муудсан болохоор чамайгаа хэрхэн өөрчлөгдсөнийг сайн харж чадаагүй...

Хүү минь, чи жижигхэн байхдаа осолдож өрөөсөн нүдээ алдсан. Ээж нь хүүгээ өрөөсөн нүдтэйгээр энэ орчлонг туулахыг тэвчиж чадаагүй учраас өөрийнхөө нүдийг өгсөн юм. Хайрт хүү минь ч хорвоо ертөнцийг ээжийнхээ нүдээр харж, ээж нь хүүдээ ямар хайртай байсныг санаж яваарай. Чиний ээж" гэсэн байлаа.

Энэ захидлыг уншаад би хэзээ ч уйлж байгаагүйгээрээ уйлсан. Энэ нулимс ээжийн минь надад гомдсон гомдлын нулимс байсан гэдэгт би итгэдэг.

## 7.2.1 Шинэ үгс

| | | | |
|---|---|---|---|
| тус | (名)利益,好处,补益 | өрөөсөн | (形)单个的,单一的(一对之一) |
| бачимдуулах | (动)使焦急,使惊慌失措 | | |

| | | | |
|---|---|---|---|
| зүглэх | (动)向着,朝着 | мэлтэгнүүлэх | (动)(使液体、泪水)充满,充溢,涌出 |
| бүүр | (副)更,再,甚,很,完全 | | |
| уур хилэн | (词组)气愤,愤怒 | бөгтийх | (动)弯腰 |
| шаргуу | (形)顽强的,坚韧的 | сониуч | (形)好奇的 |
| утга учир | (词组)内容,缘由 | хөрш | (名)邻居 |
| зочлох | (动)做客,串门,访问 | зүүдлэх | (动)做梦 |
| урилга | (名)邀请,请柬 | осолдох | (动)遭遇事故 |
| төвөгшөөх | (动)感到受累,感到麻烦 | орчлон | (名)世界,宇宙,寰宇 |
| уурсах | (动)生气,发火 | тэвчих | (动)忍受,戒除,摒弃 |
| шахуу | (后)差不多,几乎 | нулимс(н) | (名)眼泪 |
| хөөх | (动)驱赶 | | |
| андуурах | (动)弄错,误会 | | |

**7.2.2 Тайлбар**

1. Энэ үгэнд нь би уурлаагүй ч ээжийн муухай царай намайг үнэхээр бачимдуулсан.

   即使这句话没惹我生气,可母亲那丑陋的面孔着实令我烦躁不安。

   语气词"ч"是一个非常活跃的虚词,无论口语还是书面语都非常常见,搭配能力很强。这里用于形动词之后,表示让步语气。如:

   Намайг үхсэн ч сэхсэн ч энд байна гэж хэнд ч битгий хэлээрэй.

   无论我是死是活,对谁也不要说我在这里。

   Чамайг тарвага болоод газар орсон ч би гүйцнэ. Бор шувуу болоод огторгуйд ниссэн ч би гүйцнэ.

   即使你变成旱獭钻入地下,我也要追上。即使你变成麻雀飞上天空,我也要赶上。

   Дуртай ч дургүй ч сонсож суухаас аргагүй болов.

   无论是喜欢还是不喜欢,都不得不听。

2. "Яагаад заавал би" гэж хэмээн бодсоор гэр лүүгээ зүглэхдээ ээжийгээ бүүр ч илүү үзэн ядав.

   心里一直想着"为什么一定是我呢?",往家走的时候,更加憎恨母亲了。

   "ч"用在某些加强程度的副词之后,如"огт""улам""тун""бүр"等,进一步加强程度。如:

   Дэлхий дахины байдал тун ч ээдрээтэй болж байна.

   世界局势变得更加错综复杂。

   2008 оны зуны сайхан цаг улам ч дэлгэр сайхан байж билээ.

   2008年的夏季显得更加美好。

   Би үүнийг огтхон ч санахгүй байна.

   这个,我一点儿也想不起来了。

   Учир нь уур хилэнгээр шатаж байсан болохоор ээжийгээ ямар хүнд хэцүү байдалд

# 第7课  ДОЛДУГААР ХИЧЭЭЛ

оруулж байгаа тухай огтхон ч бодоогүй.

事实上，因为怒火中烧，所以压根就没有考虑到把母亲置于了何种艰难的境地。

3. "дээр"作为后置词用时，用途比较广泛。常用于静词和形动词之后，表示不同意义。本课出现几处搭配。如：

3.1 表示人的名词、人称代词、某些具体名词（主格）+ дээр，表示"在……位置""在……处""在……那里"。

Намайг дунд сургуульд байхад ээж маань над дээр хүрч ирээд "Миний хүү өлсч байна уу" гэж асуусан.

上中学时，我母亲来到我这儿问："我儿饿不饿？"

Чи хичээл тараад багш дээр оч.

你下课后到老师那儿去。

Гэтэл нэгэн өдөр ээж маань над дээр зочилж ирэв.

可有一天我母亲来我家做客。

又如：

Та одоо завтай бол над дээр ирэхгүй юу?

您现在要是有空，到我这儿来一下吧。

Сүрэн буцаж явахдаа их сургуулийн үүдэн дээр Дулмаатай дайралдав.

苏伦返回时，在校门口遇到了杜勒玛。

注意：人称代词与"дээр"搭配时，有固定的格式。

| над дээр | бидэн дээр |
| чам дээр | та нар дээр |
| түүн дээр | тэдэн дээр |

3.2 属格形动词或某些静词 + "дээр"，表示"不仅……而且……""除了……还……""……加上……"。

Харин ээж маань ач хүүхдүүдээ ганц ч удаа харж байгаагүйн дээр сүүлийн хэдэн жил намайг ч олж хараагүй билээ.

然而，我母亲不仅一次也没看到孙辈们，而且近几年连我也没见着。

Өрөөсөн нүдтэйн дээр нуруу нь бас бөгтийчихсөн.

除一只眼睛瞎了，(母亲)的背也驼了。

又如：Явъя гэтэл тэрэг эвдэрсний дээр бие гүйцэхгүй болжээ.

如果去的话，不仅车坏了，身体也会吃不消。

4. Би урилгагүй зочноос төвөгшөөж, бас уурсан "Та яах гэж ирсэн юм бэ? Яагаад хүүхдүүдийг минь айлгаад байгаа юм бэ? Бушуухан эндээс явж үз" хэмээн хашгирах шахуу хөөлөө.

我对不速之客感到厌烦而气愤："您来干什么？为什么要吓唬我的孩子们？马上从这里走开！"我几乎是呐喊着把她赶走了。

"шахуу"后置词，表示"将近""近""快要"之意，与"шахам"用法相同，用于主格静词或将来时形动词之后，多用于口语。如：

Тэдний гэр манайхаас нэгэн жилийн өмнө шахуу хотод нүүчихсэн билээ.

他们家比我们家差不多早一年搬进城里。

Бие биеэ бараг нэгэн зэрэг шахуу олж харжээ.

几乎同时看到对方。

Энэхүү компьютерыг засна гэхэд наад зах нь сар шахуу хугацаа хэрэгтэй байна.

要修好这台电脑，至少需要近一个月的时间。

Энэ чинь бараг бидний өдөр тутам шахуу хийдэг ажил шүү дээ.

这几乎是我们每天干的活儿。

5. Хөрш маань ээжийг нас барсан гэж надад дуулгасан. Би үүнийг сонсоод ганц ч дусал нулимс унагаагүй.

我的邻居告诉我，母亲去世了。我听了这个消息，连一滴眼泪都没掉。

Гэрт чинь очиж хүүхдүүдийг чинь айлгасандаа их харамсаж байна.

对于到你家里让孩子们受到惊吓，(我)感到非常遗憾。

这两个句子中出现了三个使动词，注意其用法。

дуулах（听到）- дуулгах（告诉）

унах（掉下、掉落）-унагаагүй（未使掉下、未使掉落）

айх（害怕）-айлгах（惊吓）

6. Харин ээжийн надад бичсэн захидлыг хөршөөс авч уншихдаа байж боломгүй алдаа хийснээ ухаарсан.

读完从邻居那儿拿到的母亲写给我的信时，我幡然醒悟到我犯下了不应犯的错误。

"боломгүй"意为"不应发生的"。以"-м""-мгүй"为后缀，是形动词的一种构成方式。可以看作是"-маар""-мааргүй"的简化形式，常常用于诗歌中。

如：

Хайрлам эх орон минь!

我亲爱的祖国！

Түүний ярих нь их энхрийлэм байсан.

他的话非常可亲。

Монгол хүнд морь саламгүй унаа.

对蒙古人而言，马是不可分离的交通工具。

Энэ олдомгүй боломжийг ашиглах хэрэгтэй.

应该利用这次不可多得的机会。

# 7.3 Дасгал

**Дасгал 1** Бичлэг сонсож "Харилцан яриа" –г унш. Амаар орчуулаад дадмгай эзэмшээрэй.

**Дасгал 2** Бичлэг сонсож "Унших сэдэв"-ийг дахин дахин унш.

**Дасгал 3** "Унших сэдэв"-ийг хятадаар орчуул.

**Дасгал 4** Бичлэг сонсож өгүүлбэр бичээд хятадаар орчуул.

**Дасгал 5** Өгүүлбэр зохио.
1. болоод
2. овоо
3. гайхах
4. хөөрхий
5. сурсан ч
6. бүүр ч
7. огтхон ч
8. учир нь
9. бидэн дээр
10. байгаагүйн дээр
11. айлгах
12. дуулгах
13. боломгүй

**Дасгал 6** Монголоор орчуул.
1. 过年的时候,蒙古人家里都会摆上一大堆各种各样的奶食。
2. 巴特没去参加英语培训班,所以他不认识那个英语老师。
3. 新农村的变化令人感到惊奇。
4. 爸爸想来想去,还是决定不把妈妈生病的消息告诉远在外地读书的儿子。
5. 无论是唱歌还是跳舞,反正他都不乐意参与。
6. 他压根没考虑同学们的感受。

7. 由于世界能源价格下滑,明年经济形势更加严峻。
8. 老师嘱咐我们有问题到他那儿去问。
9. 人老了,不仅耳朵背了,眼睛也花了。
10. 你小点声,别吓着孩子们。
11. 因为成绩好,他如愿考上了医学院,毕业后分到市医院工作。

**Дасгал 7** Монголоор зохион бич: "Миний ээж".

**Дасгал 8** Дараахь нэмэлт бичвэрийг уншиж сайн ойлго.

### Автобусны буудлын өвөө

Намайг бага байхад манай эсрэг талын нэгэн хуучин байшинд түүний эзэн гэгдэх туранхай өвгөн байдаг байж билээ. Байшингаасаа бараг гардаггүй байсан тэр өвөө бороотой өдөр болгон автобусны буудал дээр элэгдэн муудсан шүхэр барин өдөржингөө зогсоно. Өвөө автобусанд ч суудаггүй бас түүн дээр хэн ч айлчлан ирэхгүй, зүгээр л зогсоно....

Тэр өвөөг харахад яагаад ч юм бэ дотор минь ганцаардлын гуниг төрж, үүний сацуу хэн нэгэн хүн тэрхүү бор туранхай өвгөн дээр минь ирээсэй гэсэн итгэл өвөрлөн цонхон дор харж суудаг байлаа. Гэвч нэг ч хүн ирдэггүй байсан бөгөөд өвгөн бүх автобус явж дуусан харуй бүрүй болоход байшингийнхаа зүг нөгөө л нэг хуучин тахир шүхэрийнхээ хамт тайван гэгч нь алхална. Бороотой өдөр бүр...

Нэгэн удаа би тэр өвөөг буудал дээр зогсож байхад нь зорин очиж:

-Та автобусанд суудаггүй мөртлөө буудал дээр яагаад ийм хүйтэн бороотой өдрүүдэд шүхэр барин зогсдог юм бэ? гэхэд тэр өвөө над руу инээмсэглэн:

-Манай эмгэн 3 жилийн өмнө өөд болсон юм. Тэр маань бороотой өдөр болгон намайг ажлаас тарж, автобуснаас бууж ирэхэд энэ шүхэртэй буудал дээр хүлээн зогсдог байсан юм. Муу эмгэн маань ямар их дааран байж хүлээдэг байсан бол? Хүлээж буй хором бүр нь яг л үүрдийн хүлээлт мэт санагддаг байсан байх даа? гэж бодохоороо энэ шүхэртэй хамт бороонд зогсдог юм хэмээн нүдэндээ нулимс цийлгэнүүлэн байж надад хэлж байсан юм.

1. Өвөө яагаад бороотой өдөр болгон автобусны буудалд зогсдог вэ?
2. Хэрэв өгүүллийн доторх "би" гэдэг нь та байсан бол өвөөгийн үг сонссоны дараа өвөөд юу хэлмээр байна вэ?

**Шинэ үгс**

элэгдэх (动) 用坏,磨损

## 第7课　ДОЛДУГААР ХИЧЭЭЛ

| өдөржин | （副） | 整天 |
| --- | --- | --- |
| ганцаардал | （名） | 孤立，孤独 |
| гуниг | （名） | 忧伤 |
| сацуу | （形·副） | （同чацуу）等量的，相等的 |
| өвөрлөх | （动） | 放在怀里，怀着 |
| харуй буруй | （词组） | 天色昏暗，黄昏 |
| тайван гэгч нь | （词组） | 沉稳地，泰然地 |
| алхлах | （动） | 迈步 |
| хором | （名） | 一瞬间，刹那 |
| даарах | （动） | 受冻，感到冷 |
| хүлээлт | （名） | 等待，接受 |
| цийлгэнүүлэх | （动） | 使眼泪汪汪 |

# НАЙМДУГААР ХИЧЭЭЛ

> 8.1 Харилцан яриа
>    8.1.1 Шинэ үгс
>    8.1.2 Тайлбар
> 8.2 Унших сэдэв
>    СЭТГЭЛИЙН НҮД
>    8.2.1 Шинэ үгс
>    8.2.2 Тайлбар
> 8.3 Дасгал

## ❖ 8.1 Харилцан яриа

Баяр:    Сайхан амрав уу?

Жаргал:  Сайхан. Чи хаа явав?

Баяр:    Ховд яваад ирлээ. Чамайгаа санаж үхэхээ шахав. Ядаж тэрэг эвдрээд саатчихлаа. Чи намайг санав уу?

Жаргал:  Саналгүй яахав. Зөндөө хүлээсэн.

Баяр:    Үгүй ээ. Чи нэг л хачин болчихжээ.

Жаргал:  Яав?

Баяр:    Хуучин шигээ намайг үнсэх ч үгүй.

Жаргал:  Больё л доо. Баяр аа, би орой эмнэлэг дээрээ очно. Нэг эмч амарсан, түүний оронд жижүүр хийх ёстой. Өнөөдөр чи сайхан амарч ав. Маргааш хоёулаа кино үзье.

Баяр:    Би чамайг хүргэж өгье.

Жаргал:  Хэрэггүй дээ. Шууд автобустай юм чинь. Чи усанд орж амар. За юу?

Баяр:    За, тэгье.

# 第8课　НАЙМДУГААР ХИЧЭЭЛ

**8.1.1 Шинэ үгс**

| | | |
|---|---|---|
| үхэх | （动） | 死 |
| ядах | （动） | 无法,不能 |
| саатах | （动） | 阻止,滞留 |
| зөндөө | （形） | 很多,非常多 |
| хачин | （形） | 奇怪的 |
| үнсэх | （动） | 亲吻 |
| ёстой | （后·副） | 应当,理应 |

**8.1.2 Тайлбар**

1. Чамайгаа санаж үхэхээ шахав. 快要想死你了。
   шахах, 意为快要、接近。前面出现形动词将来时,表示快要……。例如：Зам тээврийн осолд тэр хүн амиа алдах шахав.(他险些在交通事故中丧命。)

2. Ядаж тэрэг эвдрээд саатчихлаа. 无奈车坏了延误了。
   ядах, 意为难以、不能、不会、没有办法、无奈。例如：үзэн ядах(恨)、бие барьж ядах(不能自持)等。

3. Чи нэг л хачин болчихжээ. 你变得有点奇怪。
   нэг л 这里是有一点、有一些的意思,加重被修饰词的语气。再如：Нэг л эвгүй байна. (有点不舒服。)нэг л мэдэхэд(突然发觉或一下子发觉)

4. Болъё л доо. 得了,算了。
   болих 意为停止、罢休、终止。Юугаа/яахаа болих。例如：тамхи татахаа болих(不再抽烟)。Худлаа ярихаа болих(不再说谎)。Боль, боль!(够了,停!)

5. За юу? 好吗?
   相当于Болох уу? 或Тэгэх үү?例如：Маргааш ганцаараа сургууль дээрээ оч, за юу? (明天独自去学校,好吗?)


Лувсан:　Чи хаачаад ирэв?

Баяр:　Хаачаа ч үгүй. Жаргалынхаар ороод.

Лувсан:　Тэгээд яав? Уулзав уу?

Баяр:　Уулзах нь уулзлаа. Тэгэхдээ сэтгэлд хүрсэнгүй.

Лувсан:　Сэтгэлд хүрсэнгүй гэдэг чинь юу гэсэн үг вэ?

Баяр:　Ээж нь гэж... хачин хүн байна.

Лувсан:　Юу гээд байх юм. Хөөж байна уу?

Баяр:　Бараг л хөөлөө. Үүнээс хойш манайхаар бүү ир гэнэ ээ.

Лувсан:　Найз аа, амьдралд аль тийм юм таарахыг тэр гэхэв.

### 8.1.3 Шинэ үгс

хаачаад　　（动）　　去哪里（是хаа加очоод的紧缩形式）

### 8.1.4 Тайлбар

1. Уулзах нь уулзлаа. Тэгэхдээ сэтгэлд хүрсэнгүй. 见面是见面了，不过不满意。

   Яах нь яалаа.这一句式的意思是"要做什么是做了"。如：Хоол идэх нь идлээ.（饭是吃过了。）后面一般会出现转折意味的句子。例如：Энэ номыг унших нь уншсан байна, харин тийм дуртай биш.（这本书读是读过了，不过不是那么喜欢。）

   Тэгэхдээ由тэгэх加上给在格后缀和无人称反身后缀而来，有轻微的转折的含义，意为"不过"。例如：Засгийн газар мөнгө өгнө. Тэгэхдээ 7-р сарын 1-ээс шүү.（政府要发钱。不过是7月1日以后啊。）

2. Амьдралд аль тийм юм таарахыг тэр гэхэв. 生活中难免遇到那样的事情。

   Алийг тэр гэхэв也写作алийг тэр гэх вэ。用反问句加强肯定语气。表示某一现象或事物非常多，不胜枚举的意思。例如：Аль мөнгөө алдахыг тэр гэхэв, битгий санаа зов.（丢钱那是常事，别难过。）

## 8.2 Унших сэдэв

### СЭТГЭЛИЙН НҮД

　　Эмнэлгийн нэгэн тасагт гурван өвчтөнийг хэвтүүлжээ. Хамгийн эхэнд ирснийг нь цонхны дэргэд, дараагийнхыг нь өрөөний голд, хамгийн сүүлчийнхийг хаалганы хажуугийн орон дээр хэвтүүлэв. Захын хоёр нь хүнд өвчний улмаас өдөржин чимээгүй хэвтэж харин дундах нь бусдын адил босож чаддаггүй ч алиа хошин яриатай, өөдрөг дэврүүн сэтгэлтэй нэгэн байв. Тэр элдвийг хүүрнэн, нөгөө хоёрыгоо хөгжөөж, өвчин зовлон шаналгаа нь бага ч атугай нимгэлэхэд өдөр хоног ч хурдан өнгөрнө.

　　Ийнхүү сар улирал үргэлжилсээр өвөл эхлэв. Хүн бүрийн сэтгэл хөнгөн, уйтгарт автаж исгэрэх салхийг чагнан хэвтэцгээнэ. Гэтэл нэг шөнө үүр цайхын үед цонхны дэргэдэх өвчтөн нас баржээ. Өглөө нь түүнийг өрөөнөөс гаргаж, өвчтөнүүдийн байрыг солихдоо дунд орны өвчтөнийг цонхны дэргэд, хаалганы хажуугийнхыг түүний байранд шилжүүлэв. Цонхны дэргэд очсон мөнөөх эр цонхоор харагдах бүхнийг дэргэдэх нөхөртөө ярьж өгнө.

　　"Зөөлөн будрах, цасан ширхэгээр гоёсон сүрлэг модод зам даган ярайж, зул сарынхаа гоёлыг тайлж амжаагүй хүмүүс гудамжинд сүлжилдэнэ. Удалгүй нар улам хүчтэй ээж, цас хайлан газар дэлхий ногоон гоёлоо өмслөө. Тоглоомондоо улайрах

## 第8课　НАЙМДУГААР ХИЧЭЭЛ

багачуудын дуу цангинаж, шувууд жиргэхэд, яаран алхах олны явдал удаашир ч хаврын улирал налайна."

Алиа эр энэ бүхнийг тоочин ярих бүр дүр зураг нь эмнэлгийн бяцхан өрөөнд амилж хүн бүрийн сэтгэл гэгэлзэнэ.

Гэтэл сайхан бүхнийг өөрийн нүдээр харах гэсэн их хүсэл өрөөн дундах өвчтөнийг шаналгах болж, зөвхөн цонхон талын байр суларсан цагт л тэр хүсэл нь биелнэ гэж бодсоор байв. Ийнхүү атаархлын харцаар хажуу тийш ширтэн арга зам хайж эхэллээ. Аятайхан боломж хүлээж байсан тэрнийг удаан хүлээлгэхгүй гэх шиг нэг шөнө цонхон талын эрийн хууч хөдөлж бие нь муудав. Асрагч, сахиул байхгүй тул тэрээр шүүгээн дээрх эмийг өөрөө авч уудаг байсан бөгөөд энэ удаа ч мөн адил гараа явуултал хором тоолон хүлээж байсан атгаг санаатны гарт эм нь аль хэдийнээ орсон байлаа. Шалан дээр шилний хэлтэрхий тарж, бөнжигнөн тогтсон эмэн дуслууд нулимсан хэлхээ шиг цуварчээ. Өвчтөний аяархан ёолох дуу тасарч, өрөөнд нам гүм ноёлоход хөдөлгөөнгүй хөшсөн цонхигор царайн дээр үүрийн гэгээ туслаа. Нас барсан өвчтөнийг гаргахаар асрагчид ирж, үлдэгсдийн байрыг сольж, шинэ өвчтөн оруулав. Хүсэл нь биелсэн хар санаат эрийн яарсан сэтгэл тэсгэлгүй догдолж, цэнгэлийн сайхныг горьдон цонхны зүг эргэхэд хориод алхмын тэртээ тоосго давхарлан өрсөн хар хананаас өөр юу ч түүнд үзэгдсэнгүй.

### 8.2.1 Шинэ үгс

| | | | |
|---|---|---|---|
| зах(н) | (名)边缘,边界,边境,(衣服的)领口 | исгэрэх | (动)吹口哨,(风)呼啸 |
| өвчин | (名)疾病 | үүр цайх | (词组)破晓 |
| улмаас | (后)由于,因……之缘故 | шилжүүлэх | (动)使转移,调动 |
| алиа | (形)滑稽的,顽皮的 | мөнөөх | (代·形)就是那个,此刻的,刚才的 |
| хошин яриа | (词组)笑话 | будрах | (动)(雪花)纷飞 |
| өөдрөг | (形)上升,好转 | ширхэг | (名)个,份,只,支 |
| дэврүүн | (名)轻浮,任性,沸腾 | гоёх | (动)装饰,打扮,布置,穿美丽的服装 |
| хүүрнэх | (动)叙述,陈述 | | |
| хөгжөөх | (动)使开心,逗人乐,插科打诨 | сүрлэг | (形)雄壮的,威严的,壮丽的 |
| | | ярайх | (动)显露,闪烁 |
| шаналгаа | (名)悲痛,愁苦 | зул сар | (词组)旧历十月 |
| атугай | (连)(同байтугай)不仅……而且……,不管…… | гоёл | (名)装饰,打扮,化妆 |
| | | сүлжилдэх | (动)(сүлжих的互动态)穿梭,错综复杂 |
| нимгэлэх | (动)使变薄 | | |
| автах | (动)(авах的被动态)承受,遭受,受影响 | ээх | (动)晒,烘,烤 |
| | | улайрах | (动)渴求,眼红 |

| | | | |
|---|---|---|---|
| цангинах | （动）发出金属碰撞声,（人）发出尖细的叫声 | хэлтэрхий | （名）碎片,裂片 |
| жиргэх | （动）(鸟)啼叫 | тарах | （动）散开,分散,四散 |
| яарах | （动）急忙,匆忙 | бөнжигнөх | （动）(球状物)滚动 |
| удаашрах | （动）延缓,变慢 | хэлхээ(н) | （名）一串,一束 |
| налайх | （动）显得安适祥和 | цуврах | （动）排成纵行,排成一串 |
| амилах | （动）复活,恢复知觉 | аяархан | （副·形）静静的,缓缓的 |
| гэгэлзэх | （动）(心绪)不宁,忧伤 | ноёлох | （动）统治,控制 |
| шаналгах | （动）使悲痛 | хөших | （动）变僵硬 |
| сулрах | （动）空,空闲,空出 | цонхигор | （形）憔悴的,苍白的 |
| биелэх | （动）实现 | үлдэгсэд | （名）幸存者,留下的人(复) |
| атаархах | （动）嫉妒,羡慕,吃醋 | тэсгэх | （动）忍受 |
| ширтэх | （动）盯着 | догдлох | （动）激动,冲动 |
| арга зам | （词组）方法,途径 | цэнгэл | （名）愉快,幸福,舒适 |
| хууч хөдлөх | （词组）旧病复发 | алхам | （名）步,步调,步伐 |
| асрагч | （名）护士,保姆,照料者 | тоосго(н) | （名）砖 |
| сахиул | （名）守护者,护理人 | давхарлах | （动）使重叠,使成双层,使多层化 |
| хором | （名）微秒,一刹那,一瞬间 | өрөх | （动）布置,配置,陈列,摆放 |
| тоолох | （动）点数,计算 | давхарлан өрөх | （动）叠放,垒起 |
| атгаг | （形）险恶的,恶意的 | | |
| санаатан | （名）有意……的人,有……想法的人 | | |

## 8.2.2 Тайлбар

1. Захын хоёр нь хүнд өвчний улмаас өдөржин чимээгүй хэвтэж харин дундах нь бусдын адил босож чаддагүй ч алиа хошин яриатай, өөдрөг дэврүүн сэтгэлтэй нэгэн байв.

边上的两个(病人)由于病得厉害,整天无声无息地躺着,中间的(病人)虽然也跟别人一样不能起来,可却是一个爱讲笑话、乐观向上的家伙。

"улмаас"后置词,有"由于"之意。用在静词属格和形动词之后,只用在书面语,往往表示某种不吉祥的原因。如：

Түймрийн улмаас орон сууцны хороолол, өртөөний байшин барилга их гэмтсэн байна.

由于火灾的缘故,居民区的住宅和车站的房屋均遭到严重的破坏。

Түүний улмаас одоо хоёр гар нь мэдээ алдарч, тамиргүй болов.

由于这个缘故,现在他的双手已失去知觉,丧失了劳动能力。

Телевизийн нэвтрүүлэг дахин дамжуулах асар том цамхаг унасны улмаас хоёр хүн амь үрэгдэж, нэг хүн хүнд шархдав.

## 第8课　НАЙМДУГААР ХИЧЭЭЛ

高大的电视台中转天线塔倒塌，致使两人死亡，一人重伤。

2. Тэр элдвийг хүүрнэн, нөгөө хоёрыгоо хөгжөөж, өвчин зовлон шаналгаа нь бага ч атугай нимгэлэхэд өдөр хоног ч хурдан өнгөрнө.

他讲述各种事儿，逗另外两位（病友）开心，病痛不但小了，而且也弱了，一天天也过得快了。

"атугай"是残缺动词。所谓残缺动词，是指蒙古语中有一部分动词只能具有少数几种动词形式的变化，有的甚至只有一种固定的形式，它们在句子中一般不能独立充当句子成分，只能对前面的词起到某种补充作用。

"атугай"与"байтугай"的作用相似，表示"不但……而且……""不仅……也……"之意，只是不用于口语。

它常与语气词"ч"搭配，起让步副动词的作用。如：

Юутай ч атугай цөхөрч болохгүй.

不管怎样，不能灰心。

Багачуудад өчүүхэн ч атугай, тус болог.

但愿对儿童们哪怕有一点微小的助益。

Хичнээн хол атугай ч аав нь жилд нэг удаа хүүгээ эргэж ирдэг хэвээрээ байлаа.

无论多远，父亲每年仍旧来看一次儿子。

3. Хүн бүрийн сэтгэл хөнгөн, уйтгарт автаж исгэрэх салхийг чагнан хэвтэцгээнэ.

每个人都心绪不宁，陷入深深的寂寞之中，躺在（床上）倾听着肆虐的狂风呼啸。

注意"автах"的搭配。如：

Муу үгэнд автах хэрэггүй.

不要听信流言蜚语。

4. Асрагч, сахиул байхгүй тул тэрээр шүүгээн дээрх эмийг өөрөө авч уудаг байсан бөгөөд энэ удаа ч мөн адил гараа явуултал хором тоолон хүлээж байсан атгаг санаатны гарт эм нь аль хэдийнээ орсон байлаа.

由于护士和护理不在，他经常自己去拿放在柜子上的药吃，可这次同样伸手去拿的时候，药却早已落到窥视已久、心怀叵测人的手中。

"тэрээр"即"тэр"，书面语中常用"тэрээр"或"тэрбээр"代替"тэр"，主要是用作主语时使用这两种形式。

"аль хэдийнээ"习惯用语，表示"早已""早就"之意，等同于"аль хэдийн"。

如：

Аль хэдийн өнгөрсөн эзэрхэг төрийн үед болсон юм шүү.

（这是）在早已过去的独裁专政时期发生的。

5. Хүсэл нь биелсэн хар санаат эрийн яарсан сэтгэл тэсгэлгүй догдолж, цэнгэлийн сайхныг горьдон цонхны зүг эргэхэд хориод алхмын тэртээ тоосго давхарлан өрсөн хар хананаас өөр юу ч түүнд үзэгдсэнгүй.

达到目的的坏心肠的家伙，急切的心情让他难以压抑，他期待着那令人喜悦的美好景色,转向窗户那边的时候,除了二十来步之外砌满砖头的黑漆漆的墙壁外,他什么都没看到。

"тэсгэлгүй"为否定副动词形式。在动词词根或词干上加后缀"-лгүй",构成否定副动词,表示在不发生该动作的情况下进行下一个动作。如:

Лекц сонсох гэсэн оюутнууд заалд багталгүй гадаа үүдэнд шавсан байв. 想听演讲的大学生多得礼堂容不下,都挤在门口了。

Тийм ээ, түргэн явалгүй болохгүй нь байна. 是的,不马上走不行。

注意判断否定副动词和以"-л"结尾的名词加上"- гүй"的形式。如:

муу үзэлгүй (名词)

чадалгүй амьтан (形容词)

6. "үлдэгсэд":动词词干加上后缀"-гсад, -гсэд, -гсод, -гсөд",构成表示该行为动作的人的复数名词。如:

цуглар (集合)-цугларагсад (与会者)

үх(死亡)-үхэгсэд(死亡者)

олзлогд(被俘获)- олзлогдогсод(俘虏们)

##  8.3 Дасгал

**Дасгал 1** Бичлэг сонсож "Харилцан яриа" –г унш. Амаар орчуулаад дадамгай эзэмшээрэй.

**Дасгал 2** Бичлэг сонсож "Унших сэдэв"–ийг дахин дахин унш.

**Дасгал 3** "Унших сэдэв"–ийг хятадаар орчуул.

**Дасгал 4** Бичлэг сонсож өгүүлбэр бичээд хятадаар орчуул.

**Дасгал 5** Өгүүлбэр зохио.

1. -х шахах
2. алийг тэр гэхэв
3. болих
4. ядах
5. ямар ч атугай
6. юу ч атугай
7. хол ч атугай

8. зовлонд автах
9. бодолд автах
10. улмаас
11. аль хэдийнээ

**Дасгал 6 Монголоор орчуул.**
1. 一向学习成绩很好的苏伦,想起那次考试不及格就羞愧难当。
2. 以前这里是一家印刷厂,现在已经废弃了。
3. 同学们每周至少要锻炼一次身体。
4. 那时候,农民扔下农具,拿起武器反抗地主的事情太多了。
5. 由于暴雪,火车晚点,飞机延误。
6. 由于空气流动差,部分地区陷入雾霾。
7. 无论多么晚,他睡前还要读书半个小时。
8. 不管怎样,不要陷入流言蜚语。
9. 听到大家的议论,他坐到树下,陷入沉思。
10. 苏伦早已忘记那次不愉快的见面,你也不必自责了。
11. 他承受着难以忍受的痛苦,又投入了工作。

**Дасгал 7 Монголоор зохион бич: "Бээжингийн Их Сургуулийн намар".**

**Дасгал 8 Дараахь нэмэлт бичвэрийг уншиж сайн ойлго.**

### Өвлийн шөнө

Өвлийн хүйтэн шөнө зэлүүд талд зургаан хүн гал тойрон сууна. Хүн тус бүрт нэг нэг тайрдас түлээ байсан бөгөөд гал унтрах дөхсөн байлаа. Тэдний нэг нь хар арьстай тул арьс өнгөөр ялгаварлах үзэлтэй нэгэн "Энэ муу боолын төлөө би гал руу модоо хийх ёстой гэж үү? Үгүй шүү тэр энд байгаа цагт би модоо гал руу хийхгүй" гэж шийджээ. Харин дараагийн хүн нь шашны хэт хэнээрхэлтэй хүн бөгөөд "Эдгээр гэм нүгэлт хорон муу хүмүүс бурханд гай тарьж байдаг тул тэдэнд туслах биш харин устгах талаар л бодох ёстой" гэж боджээ. Харин гурав дахь хүн нь хөрөнгөтнүүдийг үзэн яддаг нэгэн байсан тул тэр дунд нэгэн бүдүүн баян байсан учраас ихэд дургүй байв. Улмаар "Яахаараа энэ муу ховдог шунахай, дарлан мөлжигч гахайны төлөө би өөрийнхөө модыг гал руу хийх ёстой гэж. Үгүй шүү энэ бол миний мод, би модоороо энэ гахайг дулаацуулах гэж хийх ёсгүй" гэж бодоод хийсэнгүй. Үүний дараа цагаан арьст хүмүүст үнэн голоосоо дургүй нөгөө хар залуу " Яахаараа би модоо хийх ёстой гэж. Даараад байгаа юм бол өөрсдөө л хийнэ биз. Би бол эрх чөлөөт хүн. Би хэний ч боол биш. Тиймээс намайг боол гэж бодож байгаа хөгийн юмнууд үхсэн ч надад хамаагүй" гэж бодож суув. Харин баян хүн "Арчаагүй залхуу, бүдүүлэг, эдгээр ядуучууд модтой байж миний модыг л харж байгаа байх. Үгүй шүү би модоо хийчихвэл надад ямар ч ашиггүй" гэж боджээ. Эцэст нь хэнд ч дургүй биш нэгэн хүн байсан бөгөөд харамсалтай нь "Бусад хүмүүс эхлээд модоо хийвэл дараа нь би хийнэ" гэсэн хатуу дүрмийг баримталдаг хүн байв.

Өглөө болж нар гарахад талд зургаан хүн хөлдөж үхсэн байлаа. Эмч тэднийг үзээд "Эдгээр хүмүүс гадаад хүйтнээс болж осгож үхээгүй харин дотоод хүйтнээс болж хөлдөж үхсэн" гэсэн дүгнэлт гаргав.

1. Та эмчийн дүгнэлтийг зөвшөөрөх үү?
2. Та үүнтэй төстэй үлгэр мэдэх үү?

**Шинэ үгс**

| | | |
|---|---|---|
| зэлүүд | （形） | 荒无人烟的,偏僻的 |
| тайрдас | （名） | 截短的木头 |
| түлээ(н) | （名） | 木柴 |
| ялгаварлах | （动） | 辨别,区别 |
| арьс өнгөөр ялгаварлах үзэл | （词组） | 种族歧视主义 |
| үзэл | （名） | 观点,见解,思想,主义 |
| боол | （名） | 奴隶,奴仆 |
| хэнээрхэл | （名） | 精神病发作,发狂,狂热 |
| нүгэлт | （形） | 有罪过的 |
| хорон | （形） | 恶毒的 |
| гай | （名） | 灾难,灾祸 |
| хөрөнгөтөн | （名） | 资本家,资产阶级 |
| улмаар | （副） | 更,愈加 |
| ховдог | （形） | 贪婪的,贪吃的 |
| шунахай | （形） | 贪婪的,贪吃的 |
| дарлах | （动） | 压制,压迫,压挤 |
| мөлжих | （动） | 剥削 |
| дулаацуулах | （动） | 使温暖,烤热,晒热 |
| хөг | （名） | 羞耻,丑事 |
| залхуу | （形） | 懒散的,怠惰的 |
| бүдүүлэг | （形） | 粗野的,粗暴的,简陋的 |
| баримтлах | （动） | 依照,遵循 |

# 第 9 课

## ЕСДҮГЭЭР ХИЧЭЭЛ

> 9.1 Харилцан яриа
>    9.1.1 Шинэ үгс
>    9.1.2 Тайлбар
> 9.2 Унших сэдэв
>    **ИД ШИД**
>    9.2.1 Шинэ үгс
>    9.2.2 Тайлбар
> 9.3 Дасгал

 **9.1 Харилцан яриа**

Дорж:    Дарга аа. Танаас нэг юм хүсэх гэж ирлээ.
Дарга:    Тэр болно оо. Харин урьдаар чи бид хоёрт бас нэг тохирох юм бий. Тийм биз? Чи бид хоёрын хооронд... юу ч гэх юм бэ дээ. Хувийн асуудал бий. Чамайг залуу, намайг хөгшин гэлтгүй, чи бид хоёрт хоёуланд нь дутагдал бий. Тийм ээ? Чи бид хоёр бие биеэ мэднэ. Үүнийг одоо ингээд цэглээ, тэгэх үү?
Дорж:    Тэгье, дарга аа.
Дарга:    За, болох нь тэр. Бас зөвлөхөд, одоо нас чинь гуч хүрлээ... Амьдралаа бод. Эхнэр ав. Чамд удахгүй байр өгнө. Ингэж тохижиж аваад л зүтгээд байна даа. Болно биз?
Дорж:    Дарга аа. Та ч биеэ бодоорой.
Дарга:    За, одоо хүсэх гэсэн юмаа хэлчих.
Дорж:    За, хэлчихье. Би тантай ажиллахгүй. Гаргасан тушаалаа хүчингүй болгочихоорой. Намайг баруун аймгийн нэг хайгуулын ангид өгчих. Би тэнд алх бариад явбал та бид хоёрын хэн хэнд өлзийтэй.
Дарга:    Юу гэнэ ээ? Энэ чиний тоглоомын газар биш.
Дорж:    Би өөрөө зөвшөөрөөгүй. Ингэж томилох нь танд хэрэгтэй болоод л та

тавьсан. Хэн ч танаас гуйгаагүй. Дарга аа, та бид хоёр уг нь муудалцахгүй салбал зүгээр байхаа.

**9.1.1 Шинэ үгс**

| | | |
|---|---|---|
| хувь | （名） | 个人,私人 |
| хөгшин | （形） | 年老的,年长的 |
| хоёул | （数） | 两个 |
| дутагдал | （名） | 缺陷,缺点 |
| цэглэх | （动） | 画上句号,终止 |
| зөвлөх | （动） | 商量,商议 |
| тохижих | （动） | 变得完善,变得舒适 |
| тушаал | （名） | 命令,法令 |
| хүчин | （名） | 力量 |
| хүчингүй болгох | （词组） | 使失效,取消,废除 |
| хайгуул | （名） | 勘探 |
| хайгуулын анги | （词组） | 勘探队 |
| алх | （名） | 锤子 |
| өлзийтэй | （形） | 有福气的 |
| томилох | （动） | 任命 |
| муудалцах | （动） | （муудах的共动态）争吵,彼此不和 |

**9.1.2 Тайлбар**

1. Чамайг залуу, намайг хөгшин гэлтгүй. 不必说你年轻,我年长。
   在动词词根上加上-лтгүй,意为"不必……"。例如：Санаа зоволтгүй.（不必担心。）
   гэлтгүй意为"不必说""不论""不只"。例如：Хөрөнгө оруулагчид том жижиг, гадаад дотоод гэлтгүй дэмжинэ.（投资者不论其大小、国内的还是国外的都支持。）再如：Баян ядуу гэлтгүй бүх хүмүүс татвар тушаах ёстой.（不论贫富,所有人都应该交税。）

2. Үүнийг одоо ингээд цэглэе, тэгэх үү? 这个现在就到此为止,好吗?
   цэглэх意为画上句号,引申为"到此为止""停止"。
   тэгэх үү 意为"那样可以吗""好吗"。口语中有时读作тэхүү。

3. За, болох нь тэр. 好,不错。好,那就好。
   例如：-Ээж ээ, би дүүдээ туслаад даалгаврыг хийгээд өгчихлөө. -За, болох нь тэр.
   （——妈妈,我帮弟弟做了作业。——好,不错。）
   再如：Хэзээ ч бай хэрэгтэй үедээ хэрэглэгдэж чадаж байвал болох нь тэр.
   （不管什么时候,需要的时候能被用到就不错。）

4. Ингэж томилох нь танд хэрэгтэй болоод л та тавьсан.
   您需要这样任命,所以您安排了。

此句形式上虽是并列复句,实际上болоод前后两个分句是因果关系。

5. Хэн ч танаас гуйгаагүй. 谁也没求您。

гуйх 要求前面的词加上从格后缀,即юунаас/хэнээс гуйх。例如: Ээжээсээ мөнгө гуйсан. (向妈妈要了钱。) 再如: Ээж ээ, та бурхнаас юу гэж гуйж байгаа юм бэ?(妈妈,您向佛爷求什么呢?)

6. Дарга аа, та бид хоёр уг нь мууддалцахгүй салбал зүгээр байхаа.

头儿啊,咱们还是不要搞僵了,分道扬镳为好吧。

Зүгээр 表达的意思比较多。

(1) 没关系。例如:-Уучлаарай. 对不起。 -Зүгээр. 没关系。

(2) 不错、尚可。例如:-Энэ дээл ямар байна вэ? 这件袍子怎么样? -Зүгээр. 还不错。

(3) 无目的的,随便的。例如: Би зүгээр нэг л асууя. 我就随便一问。

## 9.2 Унших сэдэв

### ИД ШИД

Бяцхан Селли, эцэг эх нь дүү Жоржийнх нь тухай ихэд чухалчлан ярьж байсан үед ердөө л 8 настай байлаа. Охины дүү нь эдгэшгүй өвчтэй байсан бөгөөд түүнийг аврахын тулд эцэг эх нь хийж чадах бүхий л зүйлийг хийжээ. Гэвч эцэст нь Жоржийг мэс заслын аргаар аврах ганц л арга байсан боловч эцэг эхийнх нь мөнгө хүрэлцэхгүй учир машид сэтгэл шаналж байлаа.

Тэр үед эцэг эх нь арга барагдсан байдлаар "Хүүг маань зөвхөн ид шид л аварна" гэж ярихыг бяцхан Селли сонссон байлаа. Үүнийг сонссон даруй Селли өрөөндөө очиж шувууны хэлбэртэй мөнгө цуглуулдаг хайрцгаа нээн доторх мөнгийг нь тоолж эхэллээ. Бүр гурван ч удаа тоолж шалгав. Дараа нь тэр мөнгөө халаасандаа хийгээд шалавхан гэрээсээ гарч булангийн эмийн санд очив. Эмийн санчийн анхаарлыг татахын тулд тэвчээртэй нь аргагүй хүлээлээ. Эмийн санч орж гарсан хүмүүст эмийн тухай тайлбарлан ярьж охиныг анхаарах ч сөхөөгүй их ажилтай байлаа. Энэ их ажлын хажуугаар бяцхан охиныг анзаараагүй байсан боловч Селлигийн удаан хүлээж зогсож байгааг нь хараад түүнээс юу хүсэж байгааг нь асуув. Тэгээд "За, охин минь хурдан хэлээрэй, харж байгаа биз дээ би ноёнтонд анхаарлаа хандуулан үйлчлэх хэрэгтэй байна хэмээн хажууд нь зогсож байгаа хээнцэр цэвэрхэн хувцасласан эрэгтэй рүү заав. Селли "Миний дүү" хэмээн хоолой нь зангиран хэсэг зогссоны дараа "Миний дүү хүнд өвчтэй байгаа, би нэг ид шид авмаар байна" гэж хэлэв. Эмийн санч Селли рүү гайхсан шинжтэй харж түүнийг сайн ойлгож чадаагүйгээ хэллээ. Хариуд нь охин

"Юу л даа, аав маань түүнийг зөвхөн ид шид л аварч чадна гэж хэлсэн юм, ид шид ямар үнэтэй юм бэ? Ноёнтон" гэв. Үүнийг сонссон эмийн санч охиныг хайрлаж өрөвдсөн янзаар харж "Харамсалтай байна охин минь, манайх ид шид зардаггүй, би чамд тусалж чадахгүй нь дээ" гэж хэлэв. Селли тийм амархан итгэхийг хүссэнгүй. Эмийн санчийн нүд рүү харан "Надад худалдаж авах мөнгө байгаа, та зөвхөн ямар үнэтэйг нь хэлж өгөөч" гэв. Энэ үед Селли эмийн санч хоёрын хажууд хүлээн зогсож байсан нөгөө цэвэрхэн хээнцэр хувцасласан хүн Селли рүү харан "Бяцхан хатагтай минь дүүд чинь ямар ид шид хэрэгтэй юм бол доо?" гэж асуув. Селли мэдэхгүй гэж хариулав. "Ганц мэдэж байгаа зүйл минь гэвэл, дүү минь их хүнд өвчтэй байгаа, хэрэв хагалгаанд орохгүй бол аврагдах боломжгүй гэж ээж хэлсэн. Аав ээж хоёрт маань хагалгаанд оруулах мөнгө байхгүй. Харин аав маань түүнийг зөвхөн ид шид л аварч чадна гэж хэлэхийг сонсоод би мөнгөө аваад наашаа ирлээ" гэж хэлэв. Нөгөө цэвэрхэн сайхан хувцасласан хүн "Чамд хэр зэрэг мөнгө байгаа вэ?" гэж асуухад "Нэг доллар арван нэгэн цент" гэж Селли хариуллаа. "Дэлхий дээрх бүх мөнгө минь л энэ". "Сайн байна, бяцхан дүүд чинь хэрэгтэй тэрхүү ид шидийг худалдаж авахад энэ мөнгө хангалттай" гэж нөгөө цэвэрхэн хувцасласан хүн хэллээ. Тэгээд нэг гартаа мөнгийг нь авч нөгөө гараараа Селлиг хөтлөн "Намайг гэр лүүгээ авч яваач" гэж гуйв. "Би бяцхан дүү болон аав ээжтэй чинь танилцмаар байна" гэв.

Цэвэрхэн сайхан хувцасласан хүнийг Карлтон Армстронт гэдэг бөгөөд Жоржид хэрэгтэй хагалгааг хийдэг алдартай эмч байсан юм. Хагалгаа амжилттай болсон бөгөөд Селлигийн гэр бүлийнхэн үүний төлөө ямар ч мөнгө төлөөгүй юм. Бүгд баяр хөөртэй гэртээ хариад энэ болсон явдалд итгэж ядан байлаа. "Итгэж чадахгүй нь, энэ хагалгаа үнэхээр ид шид юм. Ямар үнэтэй болохыг нь үнэндээ сонирхож л байна" гэж ээж нь хэллээ. Селли чимээгүйхэн инээмсэглэж байлаа. Тэр энэхүү ид шид ямар үнэтэй болохыг сайн мэдэж байсан юм. Нэг доллар арван нэгэн цент...

## 9.2.1 Шинэ үгс

| | | | |
|---|---|---|---|
| чухалчлах | (动)强调 | эмийн санч | (名)药剂师 |
| эдгэшгүй | (形)无法医治的 | тэвчээр | (名)忍耐,耐力 |
| аврах | (动)救,解救,救助 | сөхөө | (名)同сөгөө,精力,能力 |
| барагдах | (动)被穷尽,耗尽,结束 | ноёнтон | (名)先生,老爷,阁下 |
| даруй | (副)立刻,马上 | хандуулах | (动)使转向……,使对着…… |
| цуглуулах | (动)收集,采集,汇集 | үйлчлэх | (动)服务,招待,照应 |
| хайрцаг (н) | (名)小箱子,小盒子,匣子 | хээнцэр | (形)时髦的 |
| халаас (н) | (名)衣兜,衣袋 | зангирах | (动)打结,噎住 |
| шалавхан | (形)较快的,较敏捷的 | шинж | (名)特征,特性 |
| булан | (名)角,角落 | хайрлах | (动)爱,爱惜,疼爱 |

# 第9课　ЕСДҮГЭЭР ХИЧЭЭЛ

| зарах | （动）耗费，消费，花费 | хангалттай | （形）满足的，令人满意的，足够的 |
|---|---|---|---|
| хувцаслах | （动）穿衣服，穿……的衣服 | | |
| хагалгаа(н) | （名）开刀，手术 | хөтлөх | （动）牵行，带领 |
| боломж | （名）机会，可能性 | хөөртэй | （形）兴奋的，振奋的 |
| цент | （名）美分 | | |

### 9.2.2 Тайлбар

1. Бяцхан Селли, эцэг эх нь дүү Жоржийнх нь тухай ихэд чухалчлан ярьж байсан үед ердөө л 8 настай байлаа.

   小莎莉听爸爸妈妈十分沉重地谈论弟弟乔治的病情时不过8岁。

   тухай一词前需要使用名词属格，表示"关于"。例如：

   Тэр хүний тухай мэдээ үргэлж дуулддаг. 常常听说关于那个人的消息。

   Би энэ жилд монголын түүхийн тухай хичээлийг сонгосон.

   我今年选了（一门）关于蒙古历史的课程。

2. Охины дүү нь эдгэшгүй өвчтэй байсан бөгөөд түүнийг аврахын тулд эцэг эх нь хийж чадах бүхий л зүйлийг хийжээ. 小女孩儿的弟弟得了（一种）难以医治的病。为了救他，爸爸妈妈做了能做的一切。

3. Дараа нь тэр мөнгөө халаасандаа хийгээд шалавхан гэрээсээ гарч булангийн эмийн санд очив. 然后，她把钱装到口袋里，迅速出了家门，去了街角的一个药店里。

   在副词词根上加后缀-хан,-хэн,-хон,-хөн也可以表示比较级。

4. Тэгээд "За, охин минь хурдан хэлээрэй, харж байгаа биз дээ би ноёнтонд анхаарлаа хандуулан үйлчлэх хэрэгтэй байна" хэмээн хажууд нь зогсож байгаа хээнцэр цэвэрхэн хувцасласан эрэгтэй рүү заав. "小姑娘，快说吧！你看到了吧？我还要投入精力为（这位）先生服务呢！"售货员说完，指了指站在旁边的（一位）穿着优雅、干净的男士。

   анхаарлаа хандуулах表示"关注、投入精力"，前面通常使用给在格。例如：

   Энэ удаагийн хуралд бид анхаарлаа их хандуулж байна. 我们十分关注此次会议。

## 9.3 Дасгал

**Дасгал 1** Бичлэг сонсож "Харилцан яриа" –г унш. Амаар орчуулаад дадамгай эзэмшээрэй.

**Дасгал 2** Бичлэг сонсож "Унших сэдэв"–ийг дахин дахин унш.

Дасгал 3 "Унших сэдэв"-ийг хятадаар орчуул.

Дасгал 4 Бичлэг сонсож өгүүлбэр бичээд хятадаар орчуул.

Дасгал 5 Өгүүлбэр зохио.
1. урьдаар
2. гэлтгүй
3. цэглэх
4. гуйх
5. чухалчлах
6. аврах
7. анхаарал хандуулах
8. хайрлах
9. харамсалтай
10. хувцаслах

Дасгал 6 Монголоор орчуул.
1. 公司宣布被盗的发票失效。
2. 爷爷喜欢游泳,不论冬夏,一年四季都游泳,所以身体很好。
3. 首先把问题想清楚,再想解决办法。
4. 这件事情就到此为止吧,不要再讨论下去了。
5. 我们很少听说有关那个人的消息。
6. 同学们可以从学校图书馆借到关于这门课的一些书籍。
7. 繁星满天,真是数也数不清呀!
8. 校领导十分关注学生宿舍的管理情况。
9. 恶劣天气所带来的损失真是不可估量!
10. 这是一个无可争辩的事实。

Дасгал 7 Монголоор зохион бич: "Эгч дүү хоёр".

Дасгал 8 Дараахь нэмэлт бичвэрийг уншиж сайн ойлго.

### Эрүүл мэндийн сайд Баянхонгор аймагт хүүхэд эх барьж авлаа

Монгол Улсын Ерөнхийлөгчид нэр дэвшигч Н.Удвал Баянхонгор аймагт ажиллаж байна. Эрүүл мэндийн сайд Н.Удвал тус аймгийн эмнэлгийн удирдлагууд, ажилчидтай эхэлж уулзсан байна. Нэр дэвшигч Н.Удвал уулзалт хийх үеэр тус аймгийн нэгдсэн эмнэлэгт төрөх дөхсөн эмэгтэй таарсан аж. Эмнэлгийн ажилчид сайддаа "Та олон аймаг, сумдаар ажиллаж байгаад Баянхонгорт ирлээ. Таны хийх уулзалтын энэ цаг мөчид төрөх гэж буй ээжтэй таарлаа. Та эх барьж авах боломж байвал энэ эмэгтэйг төрүүлж өгнө үү" гэсэн найрсаг хүсэлтийг тавьсан байна. Эх ч өөрөө "Тантай таарсандаа ихэд бэлгэшээж байна" гэжээ. Тэдний энэ хүсэлтийг сайд хүлээж авалд "Би 1978 онд хүүхэд эх барьж авч байсан. Одоо миний эх барьж авсан хүүхэд 30 гаруй насны хүүхэд бий. Одоо төрөх гэж байгаа эмэгтэй өөрөө хүсч байвал би төрүүлж өгч туслалгүй яахав. Тэхдээ үүнийг сонгуулийн сурталчилгаа гэж нийтэд ойлгуулахгүй байхыг хүсье" гэсэн юм.

Ингээд Эрүүл мэндийн сайд Баянхонгор аймгийн иргэн Х.Сайнжаргалын 2 дахь хүүхдийг эх барьж авлаа. Сайдын эх барьсан охин 3,4 кг төрсөн бөгөөд эх, охины биеийн байдал сайн байна. Амар мэнд амаржсан эх Х.Сайнжаргал сайдад талархал илэрхийлээд охиндоо Э.Удвал гэж нэр хайрлажээ.

1. "Эх барьж авах" ямар утгатай вэ?
2. Өгүүллийн нь гол утгыг товчлон ярина уу.

**Шинэ үгс**

| | | |
|---|---|---|
| сайд | (名) | 部长,大臣 |
| ерөнхийлөгч | (名) | 总统 |
| дэвших | (动) | 前进,进步,扩展,上升 |
| нэр дэвшигч | (词组) | 提名人,候选人 |
| удирдлага | (名) | 领导 |
| уулзалт | (名) | 会见,会晤,见面 |
| нэгдсэн эмнэлэг | (词组) | 联合医院,综合医院 |
| найрсаг | (形) | 友好的,和睦的 |
| хүсэлт | (名) | 愿望,希望 |
| сонгууль | (名) | 选举 |
| сурталчилгаа(н) | (名) | 宣传 |
| нийт | (副·代) | 一共,全部,总计,公众,集体,大家 |
| амаржих | (动) | 变得安宁,分娩 |
| талархал | (名) | 感谢,谢意 |
| илэрхийлэх | (动) | 表达 |

# 第 10 课

## АРАВДУГААР ХИЧЭЭЛ

> 10.1 Харилцан яриа
>     10.1.1 Шинэ үгс
>     10.1.2 Тайлбар
>     10.1.3 Шинэ үгс
>     10.1.4 Тайлбар
> 10.2 Унших сэдэв
>     ГЭР
>     10.2.1 Шинэ үгс
>     10.2.2 Тайлбар
> 10.3 Дасгал

## 10.1 Харилцан яриа

(Дулам утасдана.)

Дулам: Би чамд нэг юм үзүүлнэ гэсэн байх аа. Хоёулаа манайд жаахан сууя. Хулан ч чамайг дайлах цаг болсон.

Цэлмэг: Гадаа бороо шивэрч байгааг харахгүй байгаа юм уу?

Дулам: Бороо яахав. Чи жаахан норно биз. ... За, чи бушуухан гараад ир. Би чамд туулайн мах шарж байя. Чи манайд туулайн мах идэж байсан байх аа?

Цэлмэг: Амсаж байсан л санагдах юм.

(Цэлмэг хаалга тогшиж Дулам хаалга нээхэд)

Дулам: Хүүе, энэ чинь усан борооны хаагуур гараад ирэв, ганц дусал ч хувцсанд чинь хүрээгүй байна.

Цэлмэг: Хэхэ, би хувилгаан хүн шүү дээ. Бороо хариулна, цас оруулна...

Дулам: За, хувилгаан минь, тийшээ морил. Өө, гутлаа тайлж маяглаад яах юм бэ?

Цэлмэг: Улавч дээр нэг юм байгаа байх аа. Тайлаад гаргачихая.

## 第 10 课　АРАВДУГААР ХИЧЭЭЛ

### 10.1.1 Шинэ үгс

| | | |
|---|---|---|
| шиврэх | （动） | 下(小雨) |
| норох | （动） | 变湿,淋湿 |
| бушуухан | （副） | 赶快 |
| туулай | （名） | 兔子 |
| шарах | （动） | 炸,煎,烤 |
| амсах | （动） | 尝 |
| хаагуур | （副） | 哪一带 |
| дусал | （名） | 一滴 |
| хувилгаан | （名） | (佛的)转世,活佛 |
| маяглах | （动） | 模仿,做样子 |
| улавч | （名） | 鞋垫 |

### 10.1.2 Тайлбар

Хулан ч чамайг дайлах цаг болсон. 呼兰也该招待你了。

Явах цаг болох 到做某事的时间了(该做某事了)。再如：Хичээлд явах цаг боллоо.（去上课的时间到了。或者译成该去上课了。）

| | |
|---|---|
| Доржбат: | За, чамайг хэн нааш нь явуулсан бэ? |
| Сүрэн: | Би саналаараа говьд ажиллаж үзье гэж... |
| Доржбат: | Саналаараа? Чиний ухаан мэдрэл чинь зүгээр биз дээ? |
| Сүрэн: | Үнэн. |
| Доржбат: | Үнэн л болтугай. Говьд ажиллахаар саналаараа ирж байгаа боловсон хүчнийг би сүүлийн хорин жилд анх удаагаа үзлээ. Гайхалтай л байна. Архи уудаг уу хөө? |
| Сүрэн: | Үгүй. Уудаггүй. |
| Доржбат: | Гэр бүлтэй юу? |
| Сүрэн: | Байхгүй. |
| Доржбат: | Яасан бэ? Салсан уу? |
| Сүрэн: | Гэрлээгүй ээ. |
| Доржбат: | Ээ дээ, мэдэхгүй. Хүүхдийн тэтгэвэр төлөхөөс оргож зугтаж яваагаас зайлаа гэж үү, чи. Чи ууртай юу? |
| Сүрэн: | Уурладаггүй. |
| Доржбат: | Үгүй ер өө, өө сэвгүй арчсан толь мэт боловсон хүчин нэг гараад ирлээ хөөе! Дутагдлаа шударгаар хэл, хулгай хийдэг үү, худлаа хэлдэг үү? |
| Сүрэн: | Үгүй ээ. |

### 10.1.3 Шинэ үгс

| тэтгэвэр | （名） | 津贴, 补助 |
| оргох | （动） | 逃, 躲开 |
| зугтах | （动） | 逃跑 |
| зайлах | （动） | 躲避, 逃避 |
| өө сэвгүй | （形） | 光洁的, 无瑕的 |
| боловсон хүчин | （名） | 干部 |

### 10.1.4 Тайлбар

1. Үнэн л болтугай. 但愿是真的。

2. Хүүхдийн тэтгэвэр төлөхөөс оргож зугтаж яваагаас зайлаа гэж үү, чи. 你难道是因为要逃避交孩子的抚养费？

   Оргох 意为逃脱、逃跑, 要求前面的词加从格后缀, 即юунаас оргох, 例如: Ялтан шоронгоос оргох гээд ханaнд гацаж орхижээ.(犯人想要越狱, 卡在墙里了。)

   Зайлах 意为躲避、离开。要求前面的词加从格后缀, юунаас зайлах。例如: ажлаас зайлах(逃避工作)

   оргох 和 зайлах 连用——оргон зайлах 也是逃避、躲避之意。同样要求前面的词加上从格后缀。例如: албан татвараас оргон зайлах(逃税)

3. үгүй ер өө, өө сэвгүй арчсан толь мэт щээ, 可以啊, 像一面擦得干干净净的镜子。өө сэвгүй 意为干净的、不脏的。

4. ... анх удаагаа үзлээ. 头一次见到。"удаагаа"的"аа"是给在格后缀, 表示"时间"。例如: 13 дахь удаагаа сонгогдсон төв хороо(第13届中央委员会)。

## 10.2 Унших сэдэв

### ГЭР

*Ж. Дашдондог*

    Монголын өвөг дээдэс хээрээр гэр, хэцээр дэр хийж явсан өнө эртний үед юм гэнэ ээ. Хөх цэнхэр дээвэртэй, хөрсөн ногоо дэвсгэртэй орчлон дэлхий хэмээх оосор бүсгүй нэгэн их гэрт хүн амьтан цөмөөрөө л эвтэй сайхан амьдардаг байжээ.

    Тэгтэл юунаас болсныг бүү мэд, нэг л мэдэхэд хоорондоо муудалцан уралцаж хүчтэй нь хүчгүйгээ барьж идэхэд хүрэв гэнэ. Амьтад мөр мөрөө хөөн салж, зарим нь газар нүхлэн малтах хумстай, зарим нь усанд залах сэлүүртэй, зарим нь тэнгэрт нисэх жигүүртэй болж байхад эдгээр зүйл нь гагцхүү хүнд л байсангүй. Харин хүссэн

# 第10课 АРАВДУГААР ХИЧЭЭЛ

бүхнээ хийж чадах ухаан гэгч түүнд заяажээ.

Тэр цагт насан өндөр болтлоо ухаанаас ондоо өв хөрөнгө хураагаагүй өвгөн байж гэнэ. Нэгэн өдөр долоон хүүдээ:

- Их гэрийг дуурайлгаад бага гэрийг барьж болно гэхэд хөвгүүд нь бодоод тойрны уулсыг дуурайлган бургасан хана хийв.

Цасан шуурганд хаагддаг, цагийн сайханд нээгддэг өмнийн хадан хавцлаас санаа авч хаалга урлав.

Чанх дээр голлосон үдийн нарнаас тооно, тал тал тийш урссан алтан цацрагаас нь унь, уулын араас ургасан манан будангаас туурга, дээгүүр бүрхсэн зузаан үүлсээс дээвэр хийх санаа олжээ. Ханхайн түшилдсэн уул нуруудын ар өврөөр хурдан салхи эрчлэн эргэж байгаа даа гэж бодуутаа хялгас томж бүслүүр хийв ээ.

Тэгээд долоон хүүтэйгээ ханаа дэлгэж, хаалгаа босгож, тооноо өргөж, униа өлгөж, туургаа барьж, дээврээ тавьж, бүслүүрээ татаад бөмбөрцөг дэлхийн хэлбэртэй бөмбөгөр цагаан гэртэй болов гэнэ.

Нарны гэрлийг наашлуулж татдаг, салхины чигийг сарниулж хорьдог, нүүе гэвэл эвхээд ачдаг, бууя гэвэл дэлгээд барьдаг, ийм таатай гэр хийсэн өвгөн буурал эцгийнхээ ухаанд хөвгүүд нь бишрич аятай тавтай аж төрөх болжээ.

## 10.2.1 Шинэ үгс

| | | | |
|---|---|---|---|
| хэц | （名）陡坡,高地 | хөвгүүн | （名）儿子,男孩 |
| бүс | （名）腰带,皮带,带子 | шуурга | （名）暴风 |
| дэр | （名）枕头 | хавцал | （名)峡谷,山沟 |
| дээвэр | （名）房顶 | урлах | （名）精巧地加工、制作,进行 |
| хөрс (н) | （名）土壤,地表,草皮 | | 艺术创作 |
| дэвсгэр | （名）褥子,铺毯,铺垫物 | чанх | （副）陡直,正,极,完全 |
| оосор | （名）绳子,拉绳 | голлох | （动）为中心,为主 |
| хоорнд | （后·副）在……之间 | тооно | （名）（蒙古包的）天窗 |
| уралцах | （动）(урах的共动态)争抢, 撕扯 | урсах | （动）(水)流动 |
| | | цацраг(н) | （名）射线 |
| нүхлэх | （动）挖洞,凿孔,穿孔 | унь | （名）（蒙古包的）椽子 |
| малтах | （动）挖掘,开采 | манан | （名）雾 |
| хумс(н) | （名）指甲,爪 | будан | （名）雾,云雾 |
| залах | （动）驾驶,操纵；邀请 | туурга | （名）（蒙古包的）毡壁 |
| сэлүүр | （名）鳍；船桨,橹 | дээгүүр | （副）在高处,在上方 |
| дуурайлгах | （动）使模仿,做示范 | бүрхэх | （动）覆盖 |
| ондоо | （形）不同的,有区别的,其他的,别的 | ханхайх | （动）变宽大 |
| | | түшилдэх | （动）(түших的互动态)互相 |

|  |  | 依靠,互相支撑 | бөмбөгөр | (形)圆鼓鼓的,球形的 |
|---|---|---|---|---|
| нуруу(н) | (名)脊背,山脊 |  | наашлуулах | (动)使接近 |
| өвөр | (名)怀,怀里,胸兜;(山的)阳面 |  | сарниулах | (动)使四散,打散,驱散 |
|  |  |  | хорих | (动)阻拦 |
| эрчлэх | (动)显得强悍 |  | ачих | (动)装载,装货 |
| хялгас(н) | (名)(动物的)鬃毛 |  | буух | (动)下来,降落 |
| томох | (动)捻,搓 |  | дэлгэх | (动)铺开,打开 |
| бүслүүр | (名)绳子,系绳,捆绳 |  | буурал | (形)(头发)灰白色的 |
| өлгөх | (动)悬挂 |  | бишрэх | (动)崇拜,信仰 |
| бөмбөрцөг | (名)球形,球体 |  |  |  |

**10.2.2 Тайлбар**

1. Тэгтэл юунаас болсныг бүү мэд, нэг л мэдэхэд хоорондоо муудалцан уралцаж хүчтэй нь хүчгүйгээ барьж идэхэд хүрэв гэнэ. 然而不知什么原因,据说忽而发现芸芸众生相互交恶起来,竟然到了强者捕食弱者的境地。

   нэг л мэдэхэд 意为"猛然发觉",再比如:

   Нэг л мэдэхэд би 20 настай боллоо! 猛然发觉,我20岁了!

   Нэг л мэдэхэд их сургуулиа төгсөх цаг боллоо! 猛然发现,要大学毕业了!

2. "-хад хүрэв",到了某种程度、状况。
3. мөр мөрөө хөөх,各奔东西,各自为政。
4. -аас санаа авах,由……得到启发,受到……启示。
5. бодуутаа 是副动词 бодонгуутаа 的另一种形式,意为"一想到"。

## 10.3 Дасгал

**Дасгал 1** Бичлэг сонсож "Харилцан яриа"–г унш. Амаар орчуулаад дадамгай эзэмшээрэй.

**Дасгал 2** Бичлэг сонсож "Унших сэдэв"–ийг дахин дахин унш.

**Дасгал 3** "Унших сэдэв"–ийг хятадаар орчуул.

**Дасгал 4** Бичлэг сонсож өгүүлбэр бичээд хятадаар орчуул.

**Дасгал 5** Өгүүлбэр зохио.

1. санагдах
2. дайлах
3. зайлах
4. гэж үү
5. өвөг дээдэс
6. өнө эрт
7. бүү мэд
8. нэг л мэдэхэд
9. бишрэх
10. аж төрөх

**Дасгал 6** Монголоор орчуул.

1. 我觉得他很面熟,但就是想不起他的名字。
2. 逃避现实是不行的。
3. 难道再也遇不到这么好的人了吗?
4. 听说那位明星年底会到我们学校来,但愿是真的。
5. 中华民族的悠久文化是由我们祖先创造的。
6. 猛然发现,我胖了不少！最近要注意锻炼身体了。
7. 他是那个公司的老板,也是我们的校友。我们都很崇拜他！
8. 我们生活在这样一个美好的时代,理应为实现"中国梦"做出自己的贡献！

**Дасгал 7** Монголоор зохион бич: "Тяньаньмэний талбай".

**Дасгал 8** Дараахь нэмэлт бичвэрийг уншиж сайн ойлго.

### Байгаль хамгаалах уламжлалт цээрлэх ёсноос

Гал түлштэй холбоотой цээр: Аянчин хүн гал цогтой үнс нурмыг шороогоор булж чулуугаар дарах, халуун үнс нурманд базаж мушгирсан өвс хийж булах, айлын буурин дээр гал түлэх, асгаж дэлгэсэн ба эсвэл өөр бусдын түүж бэлтгэсэн аргалаар гал түлэхийг цээрлэнэ. Ой хээрийн түймэр гарвал ойр орчмын хүн зартай заргүй иrж унтраалцана. Хээр гал түлэх бол элсэрхэг сайр, цулгай газар, хавтгай чулууны дээр түлнэ.

Ус голтой холбоотой цээр: Рашаан, булаг шанднаас ус авахдаа сайтар цэвэрлэсэн шанага сав ашиглана. Булаг шанд гол горхины усанд цус, сүү цагаа асгах, хиртэй юм угаах, ойролцоо газар нь бие засах, усан дахь загас жараахай, усны шавьжийг хөнөөхийг ихэд цээрлэнэ. Усны эхийн дээд талд гэр буулгах, усыг бохирдуулах, булингартуулах, хаврын урсгал усыг түүхий ус гэдэг учраас биеэ угаах, хөөтэй тогоогоор худаг уснаас ус авахыг хатуу цээрлэдэг.

1. Таны бодлоор усны эхийн дээд талд гэр буулгаж болох уу? Яагаад?
2. Байгаль хамгаалах тухай монгол уламжлалт өөр цээрлэх ёсыг та мэдэх үү?

**Шинэ үгс**

| | | |
|---|---|---|
| цээрлэх | （动） | 禁止,禁忌,忌讳 |
| цээр | （名） | 禁忌 |
| түлш | （名） | 木柴 |
| аянчин | （名） | 旅客,商队队员 |
| цог | （名） | 小火星,火花 |
| үнс(н) | （名） | 灰,灰烬 |
| нурам(н) | （名） | 热灰,灰烬 |
| шороо(н) | （名） | 土,土壤 |
| булах | （动） | 埋,填,盖,掩盖,隐匿 |
| базах | （动） | 攥,紧握 |
| мушгирах | （动） | 旋入,拧入,搅进 |
| буурь | （名） | (蒙古包迁走后留下的)废址,遗址,地基,宿处,住处 |
| асгах | （动） | 撒,泼,倒 |
| түймэр | （名） | 火灾 |
| зар | （名） | 通知,布告,消息 |
| элсэрхэг | （形） | 多沙的 |
| сайр | （名） | 砾石,碎石 |
| цулгай | （形） | 单一的,平整的 |
| булаг | （名） | 泉 |
| шанд | （名） | 泉 |
| сайтар | （副） | 好好地,很好地 |
| шанага | （名） | 大勺,长柄勺 |
| цус(н) | （名） | 血,血液 |
| цагаа | （名） | 煮沸的酸乳 |
| бие засах | （词组） | 上厕所,解手 |
| жараахай | （名） | 小鱼,鱼苗 |
| саахалт | （名） | (游牧民的)邻居,近邻 |
| гэр буулгах | （词组） | 拆卸毡包 |
| худаг | （名） | 井 |
| булингартуулах | （动） | 使变浑浊,使变晦暗 |

# 第11课

## АРВАН НЭГДҮГЭЭР ХИЧЭЭЛ

> 11.1 Харилцан яриа
> 　　11.1.1 Шинэ үгс
> 　　11.1.2 Тайлбар
> 11.2 Унших сэдэв
> 　　МОРИН ХУУРЫН ДОМОГ
> 　　11.2.1 Шинэ үгс
> 　　11.2.2 Тайлбар
> 11.3 Дасгал

 **11.1 Харилцан яриа**

| | |
|---|---|
| Болд: | Юу болоо вэ? Наташа? |
| Сувилагч: | Уучлаарай. |
| Болд: | Охин зүгээр биз? |
| Сувилагч: | Зүгээр. Гэхдээ... |
| Болд: | Тэгээд яасан бэ? |
| Сувилагч: | Гэхдээ танай охин хэдүйд нь юм бүү мэд ойчсон бололтой. |
| Болд: | Толгой нь зүгээр биз? |
| Сувилагч: | Толгой нь зүгээр. Харин ууц нь... |
| Болд: | Арай ууц нь гэмтсэн юм биш байгаа? |
| Сувилагч: | Үгүй ээ, үгүй. Би буруугүй. Би ердөө түүнийг унагаагүй. Чухам хэн тэгчихсэн юм бүү мэд. |
| Болд: | Яачихаж вэ? Хэлээч. |
| Сувилагч: | Ууцан дээр нь алга дарам газар хөх няц болчихож. Ойччихсон байх аа. Хэдүйд нь ойчсон юм бэ? Би ердөө санахгүй байна. Уучлаарай. |
| Болд: | Хөх няц гэнэ ээ? |
| Сувилагч: | Хүчтэй базчихсан юм шиг байна. Та хар даа. Энэ ууцан дээгүүр нь бөгсөө хүртэл хөх няц болчихсон байна. Юунд ингэчихдэг байнаа? |

Нялх юм болохоор мэдээ ч үгүй унтаж байна. Хөөрхий.

Болд: Хөх няц биш ээ. Монгол хүүхэд нялхдаа ийм байдаг юм.

### 11.1.1 Шинэ үгс

| хэдүйд | （副） | 什么时候 |
| ойчих | （动） | 摔倒 |
| ууц(н) | （名） | 荐骨,骶骨 |
| гэмтэх | （动） | 损坏,受伤 |
| хөх няц | （词组） | 青肿 |
| бөгс(н) | （名） | 臀部,尾部 |

### 11.1.2 Тайлбар

1. Гэхдээ танай охин хэдүйд нь юм бүү мэд ойчсон бололтой. 但是您的女儿不知道什么时候好像摔了。

   хэдүйд在什么时候,相当于хэдийд。

   бүү мэд这里是插入语。

2. Ууцан дээр нь алга дарам газар хөх няц болчихож. 后背腰下有巴掌大小的青块。

   алга дарам,一掌宽。дарам指宽度。例如:хуруу дарам(一指宽。)

3. Арай ууц нь гэмтсэн юм биш байгаа. 不会是后背受伤了吧。

   这里арай是"还（不）"的意思。例如:Хичээлдээ явах цаг арай болоогүй。(还没到上课时间。)

   арай的意思很多,很常用。

   (1)好不容易、勉强地。例如:Бат гэрийн даалгаврыг арай хийж дуусав。(巴特勉强做完作业。)

   (2)稍微、略微。例如:Үнээс арай бага байна。(比这个稍微小一些。)

##  11.2 Унших сэдэв

### МОРИН ХУУРЫН ДОМОГ

Зүүн хязгаар нутгийн адуучин хүү Намжил, цэргийн албанд мордож, баруун хязгаар нутгийг хамгаалан суужээ. Түүний уянгат сайхан хоолойгоороо яруу эгшиглэнт дуу дуулахад тэр нутгийн морьтой хүн бууж сонсдог явган хүн сууж сонсдог байжээ. Олон түмэн ардууд сайхан эр Намжилыг гайхан биширч, магтан сайшаахдаа хөхөө шувууны дуутай ижилсүүлэн Хөхөө Намжил гэж нэрлэх болжээ. Хөхөө Намжил тэр газар олон жилээр албалан суухдаа нутгийн ноёны гүнжтэй (охинтой) дотно танилцан, янаглан амраглажээ. Хааны алба ч халаатай, эзний алба ч гэсэн ээлжтэй байдаг болохоор Хөхөө Намжилын цэргийн алба хаах хугацаа дуусаж, нутаг орондоо буцах болоход ноёны гүнж, хайрт хүн Намжилдаа нууц далавчтай нисдэг морь өгөөд энэ мориор газар товчлон, нисэн ирж уулзаж байгаарай гэж захижээ. Намжил нутагтаа буцаж ирээд хуучин хэвээрээ адуу малаа өсгөн, аав ээжээ асран суудаг байсан боловч шөнөдөө гэр орондоо байхгүй алга болоод байгааг нутгийн ноёны шивэгчин хүүхэн мэдээд түүнийг сэм ажиглан моринд нь ямар нэг нууц зүйл байна гэж хянасаар байжээ.

Намжил нэг удаа шөнө явж янаг хүүхэнтэйгээ уулзаж, үүр шөнөөр буцаж ирээд, мориныхоо амьсгааг дарах гэж уяандаа уяад гэртээ орохдоо түүний нууц жигүүрийг нуухаа мартжээ. Шивэгчин хүүхэн уян дээрх морийг очиж үзвэл түүний хоёр суган завсарт жигүүр дэрвэж байхыг олж үзээд тас хайчлаад хаячихжээ. Жигүүрийг нь хайчлахаар морь нь үхчихжээ. Намжил гэрээс гарч ирвэл морь нь үхсэн байжээ. Тэрээр сайн мориноос салсандаа ихэд гашуудан гашуудавч эр хүний дотор эмээлтэй хазаартай морь эргэлддэг болохоор үхсэн мориныхоо урт сайхан дэл сүүлийг хайчлан авч толгойлон утаслаж, нимгэн газрын арьснаас нь өвчин авч шир болгон нандигнаж, дараа нь банз модыг авдарлан, дархалж, өвчин авсан арьсаараа ширлэн, хүнгэнэн гарах дуу орохын уран ухааныг олоод уулын модноос огтолж урт сайхнаар засаж, түүний орой дээр ухаант мориныхоо толгойг сийлж мөнхлөв.

Түүний доорд хоолойд чих мод хоёрыг зохиож түүнээс хялгасан утсаа хоёр эгнээ болгон зүүж унжуулаад авдрыг давуулан ёроолд нь бэхлэв. Бас нарийн бургаас модны хоёр үзүүрийг хялгасан утсаар холбож нааш, цааш хөрөөдөх хөвч хийв. Хөвчөө нарсан модны давирхайгаар тослоход гарах дууны өнгө яруу бөгөөд олон янз болохыг мэдэв. Ийнхүү утастай хуурыг зохиогоод уран эгшигт аяыг оруулан, өөрийн сайн морины дурсгалд молор эрдэнэ, морин хуурыг үүсгэж түүндээ хайрт мориныхоо янцгаах дуу, үүрсэх авиа, унгалдах аяс, хатирах төвөргөөнийг оруулж сэтгэлийг баясгав. Түүнээс хойш урт аялгуут хуурыг хуурдаж суух зуураа сайн морь нь санагдаж, сэтгэлийн гайхамшгийг төрүүлнэ. Ийнхүү морин хуур анх үүссэн гэдэг домог байдаг.

## 11.2.1 Шинэ үгс

| | | | |
|---|---|---|---|
| домог | (名)神话,传说 | уянгат | (形)悦耳的,有韵调的,抒情的 |
| адуучин | (名)牧马人 | | |
| алба(н) | (名)公务,差事 | эгшиглэнт | (形)(声音)优美的,悠扬的 |
| мордох | (动)出发,启程 | сайшаах | (动)赞扬,夸奖 |
| хязгаар | (名)边境,边界 | ижилсүүлэх | (动)使同化 |

| | | | |
|---|---|---|---|
| албалах | （动）服役 | хүнгэнэх | （动）(打雷、大炮等)轰隆隆响 |
| гүнж | （名）公主 | огтлох | （动）切断,隔开 |
| дотно | （形）亲切的,亲密的 | сийлэх | （动）雕刻 |
| янаглах | （动）爱,爱慕,喜爱 | мөнхлөх | （动）使长存,使永恒 |
| амраглах | （动）爱恋,钟爱 | эгнээ(н) | （名）排,行 |
| халаа(н) | （名）轮班,换班 | унжуулах | （动）使垂下 |
| эзэн | （名）主人 | давуулах | （动）使越过,使超过 |
| ээлж | （名）班,轮班,更换,次序 | ёроол | （名）底,底部 |
| далавч | （名）翅膀 | бэхлэх | （动）加固 |
| товчлох | （动）缩短 | бургаас(н) | （名）柳树,柳条 |
| шивэгчин | （名）女仆 | үзүүр | （名）尖,尖端,顶端 |
| ажиглах | （动）观察 | хөрөөдөх | （动）锯 |
| хянах | （动）审查,观察,关注 | хөвч | （名）弦 |
| амьсгаа(н) | （名）呼吸 | давирхай | （名）松香,松脂,树脂 |
| уяа(н) | （名）系绳,拴绳 | тослох | （动）涂油,上油 |
| уях | （动）系上 | эгшигт | （形）(音律)和谐的 |
| хайчлах | （动）剪,剪断 | ая | （名）音调,曲调,调子,韵律 |
| гашуудах | （动）悲伤,悲痛 | дурсгал | （名）纪念 |
| эмээл | （名）鞍 | молор | （名）水晶,晶体,黄玉 |
| хазаар | （名）马嚼子,辔头 | эрдэнэ | （名）宝物,珍宝 |
| дэл | （名）(马)鬃毛 | үүсгэх | （动）制造出,使产生 |
| өвчих | （动）剥皮 | янцгаах | （动）马嘶 |
| шир | （名）皮,兽皮,皮革 | унгалдах | （动）马嘶叫,鸣叫 |
| нандигнах | （动）珍视,珍惜,珍爱 | хатирах | （动）(马)颠跑,快步走 |
| банз(н) | （名）板子,木板 | төвөргөөн | （名）(马的)奔驰声,马蹄声 |
| авдарлах | （动）装箱,收集 | баясгах | （动）使高兴,使愉快 |
| дархлах | （动）做手艺,从事手工劳动 | аялгуут | （形）有音调的,有韵律的 |
| ширлэх | （动）用皮革包紧、裹紧 | хуурдах | （动）拉琴,奏弦乐 |

## 11.2.2 Тайлбар

1. Зүүн хязгаар нутгийн адуучин хүү Намжил, цэргийн албанд мордож, баруун хязгаар нутгийг хамгаалан суужээ. 东部边境地区放马的小伙子那木吉拉参军服兵役,守卫西部边疆。

   Мордох有"启程、动身"之意,例如:

   Москва руу 11-нд мордлоо. 已于十一日赴莫斯科。

2. Олон түмэн ардууд сайхан эр Намжилыг гайхан биширч, магтан сайшаахдаа хөхөө шувууны дуутай ижилсүүлэн Хөхөө Намжил гэж нэрлэх болжээ. 老百姓崇拜一表人

才的那木吉拉,夸他的声音好似杜鹃鸟鸣,于是就称呼他"杜鹃那木吉拉"了。
Ижилсүүлэх表示"使相似",喻体通常用共同格,例如:
Хүмүүс түүний сэтгэлийг сүүтэй ижилсүүлсэн. 人们把他的心灵比作牛奶。

3. Шивэгчин хүүхэн уяан дээрх морийг очиж үзвэл түүний хоёр суган завсарт жигүүр дэрвэж байхыг олж үзээд тас хайчлаад хаячихжээ. 女仆来到拴马桩前看马,发现它的两个腋下扇动着两个翅膀。于是,女仆就把它们完全剪掉了。

条件副动词后缀-вал,-вэл,-вол,-вөл还可以引导一个时间状语从句,类似的还有:
Олон хүүхдийн угтан гарч гүйлдэхийг үзвэл, цөм боловсон улсын хувцсыг өмссөн байдлыг олжээ. 看到跑出来迎接的孩子们,我发现(他们)全都是文明国度的着装。

4. (Түүний уянгат сайхан хоолойгоороо яруу эгшиглэнт дуу дуулахад) ① [(тэр нутгийн морьтой хүн бууж сонсдог)②(явган хүн сууж сонсдог байжээ)③].

```
(Түүний уянгат сайхан хоолойгоороо яруу эгшиглэнт дуу дуулахад)①
     (状从)        [(тэр нутгийн морьтой хүн бууж сонсдог)②(явган хүн сууж сонсдог байжээ)③]
                                        (并列)
                                         (主)
```

5. (Хааны алба ч халаатай) ①, (эзний алба ч гэсэн ээлжтэй байдаг болохоор) ② (Хөхөө Намжилын цэргийн алба хаах хугацаа дуусаж, нутаг орондоо буцах болоход) ③ (ноёны гүнж, хайрт хүн Намжилдаа нууц далавчтай нисдэг морь өгөөд энэ мориор газар товчлон, нисэн ирж уулзаж байгаарай гэж захижээ) ④.

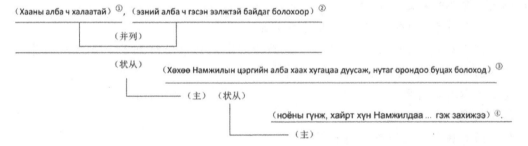

## ◆ 11.3 Дасгал

**Дасгал 1** Бичлэг сонсож "Харилцан яриа" –г унш. Амаар орчуулаад дадамгай эзэмшээрэй.

**Дасгал 2** Бичлэг сонсож "Унших сэдэв"–ийг дахин дахин унш.

**Дасгал 3** "Унших сэдэв"–ийг хятадаар орчуул.

**Дасгал 4** Бичлэг сонсож өгүүлбэр бичээд хятадаар орчуул.

**Дасгал 5** Өгүүлбэр зохио.

1. бололтой
2. ердөө
3. бүү мэд
4. арай
5. мордох
6. гайхах
7. ижилсүүлэх
8. янаглах
9. хайчлах
10. үүсгэх

**Дасгал 6** Монголоор орчуул.

1. 演出开始的时间还没到,礼堂门口站满了人。
2. 老婆婆好像丢了什么东西,低着头四下搜寻。
3. 不知道怎么回事,门就是打不开。
4. 妈妈一般不吃路边卖的熟食。
5. 中国运动员于1月份启程参加索契冬奥会。
6. 在中国雷锋是家喻户晓的一个人。他因为常常做好事而得到了老百姓的称赞。于是,我们把经常做好事的人比作雷锋。
7. 爱慕之心人皆有之。
8. 美国人最早发明了电灯。
9. 蒙古国总统今日启程赴美进行访问。
10. 她的眉毛细又长,好像天上的弯月亮。

**Дасгал 7** Хятадын нэг домгийг монголоор орчуул.

**Дасгал 8** Дараахь нэмэлт бичвэрийг уншиж сайн ойлго.

### Нууц товчооны эх хувьтай танилцав

УИХ-ын хаврын чуулган завсарласан энэ хугацаанд гишүүдийн олонхи нь амарсан бол УИХ-ын Байгаль орчин, хүнс, хөдөө аж ахуйн байнгын хорооны дарга Г. Баярсайхан, Хүний эрхийн дэд хорооны дарга А. Ганбат, УИХ-ын гишүүн С. Бямбацогт

# 第11课　АРВАН НЭГДҮГЭЭР ХИЧЭЭЛ

нар Тайваньд дөрөв хоногийн ажлын айлчлал хийгээд иржээ.

Айлчлал хийх хугацаандаа гишүүд Тайванийн номын санд хадгалагдаж байгаа Монголын нууц товчооны эх хувьтай танилцжээ. Монголын эзэнт гүрэн, тодруулбал 800 гаруй жилийн тэртээх Монголын төрт ёсны түүхийг энэхүү сурвалж бичигт Монгол, Хятадаар бичин үлдээжээ. Нийт 20 боть бүтээл юм байна. Анх Бээжингийн номын санд хадгалагдаж байсан ч 1949 онд Чан Кай Ши-гийн бүлэг Тайваньд дүрвэж ирэх үед тус түүхэн эх сурвалж бичгийг бусад судар бичигт хамт авчирсан аж. Гэвч өнгөрсөн он жилүүдэд энэхүү түүхэн эх сурвалжийг монголчуудад танилцуулж байсан удаагүй. Харин Монголын парламентын гишүүдийг энэ удаад айлчлал хийх үеэр анх удаа танилцуулсан юм байна. Гэрэл, агаар, температур бүхнийг зохицуулсан тусгай зориулалтын өрөөнд Монголын нууц товчоо хадгалагддаг аж.

1. Монголын нууц товчооны эх хувь одоо хаана хадгалагдаж байна вэ?
2. Монголын нууц товчооны эх хувь одоо ямар байдалтай байна вэ?

**Шинэ үгс**

| эх(н) | （名） | 初始, 源头 |
| чуулган | （名） | 会议 |
| олонхи | （形） | 大多数的 |
| байнгын хороо | （词组） | 常委会 |
| эрх | （名） | 权力 |
| дэд | （形） | 第二的, 副的, 次的 |
| айлчлах | （动） | 访问 |
| хадгалах | （动） | 保存 |
| эзэнт гүрэн | （词组） | 帝国, 君主国 |
| тодруулах | （动） | 弄清楚, 使显明 |
| тэртээ | （副） | 那边, 彼处 |
| төрт ёс | （词组） | 政权制度, 国家法制 |
| сурвалж бичиг | （词组） | 原始资料, 文献 |
| үлдээх | （动） | （үлдэх的使动态）使剩下, 使留存下来 |
| боть | （名） | 册, 卷 |
| судар | （名） | 书册, 经卷 |
| парламент | （名） | 议会, 国会 |
| температур | （名） | 温度 |

# 第 12 课

## АРВАН ХОЁРДУГААР ХИЧЭЭЛ

> 12.1 Харилцан яриа
>     12.1.1 Тайлбар
>     12.1.2 Тайлбар
>     12.1.3 Шинэ үгс
> 12.2 Унших сэдэв
>     ЭХ ҮР
>     12.2.1 Шинэ үгс
>     12.2.2 Тайлбар
> 12.3 Дасгал

## ❖ 12.1 Харилцан яриа

А: Уучлаарай, би зөвлөгөө авмаар байна. Хоолоо хаана идэж байвал зүгээр вэ?

Б: Та буудалдаа идэж болно. Энд хоолны нэр төрөл олон. Харин гадуур идсэнээс арай илүү үнэтэй шүү.

А: За, тэгвэл их үнэтэй биш, тохилог жижгэвтэр хоолны газар зааж өгөөч.

Б: Тэгье. Эндээс ойрхон, хямдхан, сайн хоолтой газар бий. "Ард" кино театрын дэргэд байдаг юм.

А: Гялайлаа. За, мэдлээ.

### 12.1.1 Тайлбар

1. Энд хоолны нэр төрөл олон. 这里饭菜的种类很多。
   нэр төрөл, 品种, 种类之意。如: Цагаан идээний нэр төрөл олширч байна.（奶食的种类增多了。）

2. Гялайлаа. 谢谢。
   гялайх的过去时, 意为谢谢, 与баярлалаа相同。如: Танд гялайлаа.（感谢您。）

## 第12课  АРВАН ХОЁРДУГААР ХИЧЭЭЛ

Үйлчлэгч: Та юу авах вэ?
Зочин: Давтсан мах, татсан мах хоёрын алийг авах вэ? Та надад зөвлөөч.
Үйлчлэгч: Манай давтсан мах сайн. Татсан мах бүр ч сайхан даа.
Зочин: Тэгвэл татсан мах авъя.
Үйлчлэгч: Махаа шүүрхий авах уу, сайн болгох уу?
Зочин: Сайн болгоорой.
Үйлчлэгч: Хачир юу авах вэ? Шарсан төмс, ногоон шош, вандуй бий.
Зочин: Шарсан төмс авъя.
Үйлчлэгч: Хүйтэн зууш авахгүй юү?
Зочин: Авна.
Үйлчлэгч: Өнөөдөр их сайхан зууш байгаа.
Зочин: Сайхан зууш гэнээ. Юу юутай вэ? Ямар орцтой вэ?
Үйлчлэгч: Улаан лооль, байцаа, өргөст хэмх зэргийг сонгино, халуун ногоо, шүүсээр амталсан.
Зочин: Аятайхан юм байна.
Үйлчлэгч: Юу уух вэ? Дарс уу, шар айраг уу, ундаа юу?
Зочин: Жимсний ундаа ууя.
Үйлчлэгч: Амтлаг зүйл юу авах вэ? Бялуу, нарийн боов, жимс, зайрмаг гээд бий дээ.
Зочин: Амтлаг зүйлийг жаахан байзнаж байгаад болъё.
Үйлчлэгч: За, мэдлээ. Өөр юу авах вэ?
Зочин: Ингээд боллоо.
Үйлчлэгч: За, одоохон таны захиалсан зүйлийг аваад ирье.

## 12.1.2 Тайлбар

1. Хачир юу авах вэ? 要什么配菜呢？
   хачир, 指与肉菜同食的配菜，或者套餐中的配菜。

2. Амтлаг зүйлийг жаахан байзнаж байгаад болъё. 甜品稍等一会(点)吧。
   байзнаж 稍微过一会。在动词词根上加上短暂体后缀-зна⁴，表示稍微之意。如：Олон хүн арилжаанд оролцолгүй хүлээзнэж байх шиг байна.（很多人没有参与交易，似乎还在等待。）再如：Чи түр амарзна.（你先稍微休息一下。）

Зочин: Үйлчлэгч ээ! Би тооцоогоо хийе.
Үйлчлэгч: За, 8230 төгрөг. Та кассанд мөнгөө өгөөрэй.
Зочин: Үйлчилгээний хөлс орсон уу?
Үйлчлэгч: Орсон.
Зочин: Баярлалаа. Хариулт хэрэггүй.
Үйлчлэгч: Гялайлаа. Та манайд дахин ирээрэй.

### 12.1.3 Шинэ үгс

| | | |
|---|---|---|
| буудал | （名） | 旅馆,站 |
| тохилог | （形） | 舒适的 |
| жижгэвтэр | （形） | 较小的 |
| давтах | （动） | 锻造,拍打 |
| давтсан мах | （词组） | 肉饼 |
| татах | （动） | 切,剁,弄碎 |
| татсан мах | （词组） | 肉馅 |
| бүр ч | （词组） | 更加 |
| шүүрхий | （形） | 夹生的,半生的 |
| шош | （名） | 豆,豆角 |
| вандуй | （名） | 豌豆 |
| зууш | （名） | 小菜,冷盘 |
| өргөст хэмх | （名） | 黄瓜 |
| халуун ногоо | （名） | 辣椒 |
| шүүс(н) | （名） | 汁,浆 |
| амтлаг | （形） | 美味的,甜的 |
| байзнах | （动） | 略等,稍等 |
| тооцоо(н) | （名） | 核算,结账 |
| касс(н) | （名） | 收款处,结账处 |
| хариулт | （名） | 回答,答复;找钱 |
| гялайх | （动） | 感谢,闪耀,开心 |

## 12.2 Унших сэдэв

### ЭХ ҮР

Энэ хорвоо мөнх бусыг санаж ээжийнхээ үгийг сонсож бай...

Нэг настай байхад чинь таныг өөрийн гараар хооллож ундлан, угааж цэвэрлэн бүхий л зүйлийг чинь хийсэн. Шөнөжин уйлж, нойрыг нь хугаслаж түүнд хариу барьсан. Хоёр настай байхад чинь танд алхахыг зааж өгсөн. Дуудахад нь зугтааж түүнд хариу барьсан. Гурван настай байхад чинь танд гараа гарган байж сайхан хоолнууд хийж өгсөн. Энгэр заам, ширээн доогуураа асган байж түүнд хариу барьсан. Дөрвөн настай байхад таны гарт чинь өнгө өнгийн харандаа бариулсан. Зураг зурж байна хэмээн гэрийн ханан дээгүүр сараачин түүнд хариу барьсан. Таван настай

# 第12课  АРВАН ХОЁРДУГААР ХИЧЭЭЛ

байхад тань таныг хамгийн хөөрхөн хувцаснуудаар гоёсон. Харсан шавар шавхай болгоноо туучиж түүнд хариу барьсан. Зургаан настай байхад тань, таныг сургуульд хүргэж өгсөн. Гудамжинд "Би сургуульд явахгүй ээ" хэмээн чарлан уйлж түүнд хариу барьсан. Долоон настай байхад тань, танд бөмбөг бэлэглэсэн. Хөршийн цонхыг хагалж түүнд хариу барьсан. Есөн настай байхад тань, танд төгөлдөр хуурын багш хөлсөлсөн. Нэг өдөр ч болов нотнуудаа цээжлэлгүйгээр түүнд хариу барьсан. Арван настай байхад тань, найзуудын төрсөн өдрүүдээс авахуулаад бүжгийн хичээл хүртэл бүх л газар таныг машинаар хүргэж өгсөн. Машинаас үсрэн буухдаа эргэж ч харалгүй гүйн түүнд хариу барьсан.

Арван нэгэн настай байхад тань, таныг найзтай чинь цуг кинонд дагуулж явсан. "Та бидэнтэй битгий суу! Өөр газар суу" хэмээн ундууцаж түүнд хариу барьсан. Арван хоёр настай байхад тань, муу үлгэр дууриалтай зарим ТВ-ийн программуудыг үзэхийг хориглосон. Гадуур гарсан хойгуур нь бүгдийг нь үзэж түүнд хариу барьсан. Арван таван настай байхад тань, гадаад руу зуны амралтанд явуулсан. Нэг мөр ч захиа бичилгүйгээр түүнд хариу барьсан. Арван долоон настай байхад тань найз хөвгүүнтэйгээ үдэшлэгт явахыг тань зөвшөөрсөн. Нэг ч утасдалгүйгээр санааг нь зовоож түүнд хариу барьсан. Арван есөн настай байхад тань, сургуулийн чинь төлбөрийг төлсөн. Сургуулийн хотхонд машинаар хүргэж, ачаа тээшийг чинь зөөж өгсөн. Найзууддаа шоолуулахаас ичин сургуулийн үүднээс хурдхан явуулж түүнд хариу барьсан.

Хорин нэгэн настай байхад тань ажил мэргэжил, карьерийн тань талаар зөвлөгөө өгөхийг хүссэн. "Би тань шиг болохыг хүсэхгүй байна" хэмээн ширвэж түүнд хариу барьсан. Хорин хоёр настайд чинь оюутны төгсөлтийн баярт ирж бахархалтайгаар таныг тэврэн үнссэн. Төгсөлтийн зугаалгын мөнгө нэхэж түүнд хариу барьсан. Хорин дөрвөн настайд тань, удаан хугацаагаар үерхэж байгаа найз залуутай чинь танилцахыг хүссэн. "Хэзээ танилцуулахаа би мэдьё!" хэмээн аашилж түүнд хариу барьсан. Хорин таван насанд тань хуримын бүхий л зүйлийг таньд бэлдэн таны өмнөөс хамгийн их баярлаж догдолсон. Холоос хол нүүж түүнд хариу барьсан.

Гучин насанд тань хүүхдийн асаргааны талаар танд зөвлөгөө өгч тусалсан. "Энэ хоцрогдсон аргуудыг одоо хэрэглэхээ боливол таарна" гэж мэдэмхийрэн түүнд хариу барьсан. Дөчин насанд тань тан руу залган ойр дотны нэгэн хамаатны тань төрсөн өдөр удахгүй болох гэж байгааг сануулсан. "Ээж ээ хийх ажил их байна. Амжихгүй." хэмээн түүнд хариу барьсан.

Тавин насанд тань хүндээр өвчлөн хэвтсэн. Хагас бүтэн сайнд түүн дээр очиход тань маш их баярласан ч хөгшчүүдийг хүүхэд мэт аашилдгийг нь гайхан түүнд хариу барьсан. Гэтэл нэг л өдөр тэр хорвоогоос хальсан. Тэр мөчийг хүртэл түүнд зориулж хэлээгүй болон хийгээгүй бүхэн зүрхийг тань эмтлэн аянга мэт буусан...

## 12.2.1 Шинэ үгс

| | | | |
|---|---|---|---|
| хооллох | (动)吃饭 | программ | (名)程序,纲领,节目,节目单 |
| ундлах | (动)喝 | | |
| шөнөжин | (副)整夜 | хориглох | (动)劝阻,禁止 |
| хугаслах | (动)分成两半,变得不完整 | хойгуур | (副)在北方,在后面 |
| хариу барих | (词组)回报,报答 | тээш | (名)行李,货物 |
| алхах | (动)迈步,行走 | шоолуулах | (动)让愚弄,让嘲弄 |
| зугтаах | (动)逃跑 | ичих | (动)害羞 |
| энгэр | (名)胸襟,怀 | карьер | (名)事业,前程 |
| заам | (名)衣领口 | ширвэх | (动)斜视,横扫了一眼 |
| доогуур | (副)在……下方 | төгсөлтийн баяр | (词组)毕业典礼 |
| сараачих | (动)乱图画,乱写 | бахархалтай | (形)自豪的,骄傲的 |
| шавар | (名)泥 | аашлах | (动)举止,表现,发脾气 |
| шавхай | (名)泥泞,泥巴 | догдлох | (动)震颤,激动 |
| туух | (动)驱赶 | асаргаа(н) | (名)照料 |
| чарлах | (动)尖声叫 | мэдэмхийрэх | (动)显示见多识广,自夸 |
| үсрэх | (动)跳 | хөгшчүүл | (名)老人们 |
| авахуулах | (动)被取出,被拿,被带 | халих | (动)飞翔 |
| ундууцах | (动)气愤,愤然 | эмтлэх | (动)弄出豁口 |
| үлгэр дуурмал | (词组)榜样,示范 | | |

## 12.2.2 Тайлбар

1. Нэг настай байхад чинь таныг өөрийн гараар хооллож ундлан, угааж цэвэрлэн бүхий л зүйлийг чинь хийсэн. Шөнөжин уйлж, нойрыг нь хугаслаж түүнд хариу барьсан.

"хэдэн настай байхад чинь(тань),..."是本篇课文贯穿始终的状语从句。此句中的反身词"чинь""тань"除了表示第二人称反身规则的基本意义外,还起到突出强调之意。

Нэг өдөр ч болов нотнуудаа цээжлэлгүйгээр түүнд хариу барьсан.

我以没背过一天曲谱来回应她。

Машинаас үсрэн буухдаа эргэж ч харалгүй гүйн түүнд хариу барьсан.

我以跳下车,头也不回地跑的方式来回应她。

Нэг мөр ч захиа бичилгүйгээр түүнд хариу барьсан.

我以一封信也不写的方式来回应她。

Нэг ч утасдалгүйгээр санааг нь зовоож түүнд хариу барьсан.

我以一个电话也不打,让她担心的方式来回应她。

# 第12课 АРВАН ХОЁРДУГААР ХИЧЭЭЛ

2. 动词词根+"-лгүй"的形式,构成否定式,表示"应该做的,或者应当完成的却没做"之意。

3. "ч болов"习惯用语,表示"即使、即便"之意。用于静词和形动词之后表示让步,也可写作"болсон"。

4. Найзууддаа шоолуулахаас ичин сургуулийн үүднээс хурдхан явуулж түүнд хариу барьсан.
我怕被朋友们嘲笑,赶快把她从学校门口赶走,以此来回应她。

5. "Энэ хоцрогдсон аргуудыг одоо хэрэглэхээ боливол таарна" гэж мэдэмхийрэн түүнд хариу барьсан.
我装作见多识广地回应说:"这些落后的法子别用了。"

6. Тэр мөчийг хүртэл түүнд зориулж хэлээгүй болон хийгээгүй бүхэн зүрхийг тань эмтлэн аянга мэт буусан...
直到那个时刻,您那没有为她说过和做过的一切让您的心像遭过雷击一样地破碎了……

7. "хорвоогоос халих"表示"去世"的婉辞,类似汉语的"驾鹤西去""驾鹤仙游"。

## 12.3 Дасгал

**Дасгал 1** Бичлэг сонсож "Харилцан яриа" –г унш. Амаар орчуулаад дадамгай эзэмшээрэй.

**Дасгал 2** Бичлэг сонсож "Унших сэдэв"–ийг дахин дахин унш.

**Дасгал 3** "Унших сэдэв"–ийг хятадаар орчуул.

**Дасгал 4** Бичлэг сонсож өгүүлбэр бичээд хятадаар орчуул.

**Дасгал 5** Өгүүлбэр зохио.
1. -на⁴ уу
2. -зна⁴
3. бүр ч
4. зөвлөх
5. байхад чинь
6. хариу барих
7. ичих

8. -вал4 таарах

9. ч болов

10. хориглох

**Дасгал 6 Монголоор орчуул.**

1. 稍等一下，我换好衣服就来。
2. 非常感谢您的款待。
3. 师兄，请帮我翻译一下这个句子吧。
4. ——有包间吗？——请问您有预定吗？现在没有包间了。
5. 他过生日的时候，我送给他一本书作为礼物，他给我写了一首诗作为回报。
6. 周末我们租了一辆车去野外烧烤。
7. 您来前告诉我们航班号，我们好去机场接您。
8. 晚上九点以后，妈妈禁止我外出。
9. 在毕业就业这件事上，应该多听听父母的建议。
10. 怕被人嘲笑，他从来不主动发言。

**Дасгал 7 Монголоор зохион бич: "Эх үр хоёр".**

**Дасгал 8 Дараахь нэмэлт бичвэрийг уншиж сайн ойлго.**

### Зүрхнийхээ үгийг сонс

Хэнд ч мөрөөдлийг тань хулгайлахыг бүү зөвшөөр,

Ямар ч үе байсан хамаагүй зүрхнийхээ үгийг сонс

Хүүг дунд ангид байхад багш нь: "Том болоод юу хийх, ямар мэргэжилтэй болохыг хүсч байгаа тухай зохион бичлэг гэртээ бичиж ир" гэсэн даалгавар өгчээ.

Хүү шөнөжингөө суун, нэгэн өдөр адууны аж ахуйтай болох тухай, долоон хуудас дүүрэн юм бичжээ. Тэр ч бүү хэл 200 га талбайтай аж ахуйн байр, хашаа хороо, морьд давхих талбайг ч зурсан байлаа. Маргааш өглөө нь зүрхнийхээ үгтэй зохион бичлэгээ багшдаа өглөө. Хоёр хоногийн дараа багш зохион бичлэгүүдийг тараадаж өгөхөд түүний цаасан дээр томоос том "тэг" бас "хичээлийн дараа надтай уулз" гэж бичсэн байв.

Хүү багшаасаа "Яагаад би тэг авч байгаа юм" гэж асуужээ. "Чиний насанд ийм мөрөөдөл тохирохгүй, бодит байдалтай нийцэхгүй байна" гээд "Чамд мөнгө байхгүй, чи нүүдэлчин айлын хүү шүү дээ. Адууны аж ахуйтай болоход чамд маш их хөрөнгө мөнгө шаардлагатай. Эхлээд чи газар авна, дараа нь сайн үүлдрийн адуу авах хэрэгтэй, үүнийг хийнэ гэдэг чинь боломжгүй. Хэрэв биелэгдэх зорилго шинээр тавьж ирэх юм бол чиний дүнг өөрчилж болох юм" гэжээ.

## 第12课　АРВАН ХОЁРДУГААР ХИЧЭЭЛ

　　Хүү гэртээ ирээд баахан бодсоны эцэст аавдаа хэлэв. Тэгтэл аав нь "За хүү минь, үүнд чи өөрөө шийд гарга, энэ бол чиний хувьд маш чухал сонголт" гэлээ. Хүү хэдэн өдөр бодсоны эцэст зохион бичлэгтээ ямар ч өөрчлөлт оруулахгүйгээр багшдаа өгөнгөө "Та надад өгсөн дүнгээ битгий өөрчлөөрэй, би ч бас мөрөөдлөө өөрчлөхгүй ..." гэв. Одоо тэр 200 га газартай, адууны аж ахуйтай, бас 1000 ам. м （квадрат метр）талбайтай харшид амьдарч байна. Олон жилийн өмнө бичсэн тэр зохион бичлэг нь хоймрын хананд нь өлгөөстэй ...

1. Хүүгийн мөрөөдөл юу вэ? Багш нь түүний мөрөөдлийн талаар юу гэж хэлэв?
2. Бага насны мөрөөдлийнхөө нэгний тухай ярина уу.

**Шинэ үгс**

| | | |
|---|---|---|
| хулгайлах | （动） | 偷盗 |
| адууны аж ахуй | （词组） | 养马业, 养马场 |
| хороо(н) | （名） | 区, 区域; 围栏 |
| тэг | （数） | 零 |
| нийцэх | （动） | 契合于, 符合于 |
| нүүдэлчин | （名） | 游牧民 |
| үүлдэр | （名） | 种, 品种 |
| биелэгдэх | （动） | 被实现 |
| баахан | （形·副） | 相当不少的, 片刻 |
| ... (хэн) -ий хувьд | （词组） | 对于……来说 |
| сонголт | （名） | 选择 |
| харш | （名） | 宫殿 |

# 第 13 课

## АРВАН ГУРАВДУГААР ХИЧЭЭЛ

> 13.1 Харилцан яриа
>     13.1.1 Тайлбар
>     13.1.2 Тайлбар
>     13.1.3 Шинэ үгс
> 13.2 Унших сэдэв
>     ДҮГНЭЛТ ГАРГАХАД ЯАРААД ХЭРЭГГҮЙ
>     13.2.1 Шинэ үгс
>     13.2.2 Тайлбар
> 13.3 Дасгал

## 13.1 Харилцан яриа

Мөнх:   Чи спортод аль хэр дуртай вэ?

Сүрэн:   Их дуртай. Ялангуяа хөнгөн атлетикт их дуртай. Чи ямар спортод хорхойтой вэ?

Мөнх:   Би бөхөд их хорхойтой. Бас хөл бөмбөгөнд дуртай.

Сүрэн:   Гар бөмбөг бол ямар вэ?

Мөнх:   Гар бөмбөгийг бол их сонирхдоггүй.

Сүрэн:   Би гар бөмбөг тоглох их дуртай. Бас цана тэшүүрээр гулгах ч их дуртай. Чи сайн гулгадаг биз дээ.

Мөнх:   Би муухан гулгадаг. Цанаар бол нилээд сайн явна. Чи хоккей тоглодог уу?

Сүрэн:   Үгүй, ерөөсөө манай оронд энэ спорт их хөгжөөгүй байгаа юм аа. Манай оронд одон бөмбөг их сайн хөгжиж байгаа. Чи одон бөмбөг тоглодог уу?

Мөнх:   Тоглолгүй яахав? Их дуртай.

Сүрэн:   Чамтай нэг тоглож үзэх юмсан.

Мөнх:   Тэг л дээ. Өнөөдөр завтай бол хоёулаа нэг сайн тоглоё.

Сүрэн:   Манай сургууль дээр ирээрэй. Манай сургуулийн биеийн тамирын танхимд одон бөмбөгийн сайхан ширээ бий.

# 第13课  АРВАН ГУРАВДУГААР ХИЧЭЭЛ

Мөнх:　Яасан сайн юм бэ. Намайг иртэл хүлээж байгаарай. Баяртай.

### 13.1.1 Тайлбар

1. Чи спортод аль хэр дуртай вэ? 你有多喜欢运动？
   аль хэр 表示程度，有时 хэр 也写作 хир。例如：Манайхан тэмцээндээ аль хэр бэлдэж байгаа даа?（大家比赛准备得怎么样了？）再如：Та аль хэр хэрсүү ухаантай вэ?（您有多老练呢？）

2. Чи ямар спортод хорхойтой вэ? 你喜欢什么运动？
   юунд хорхойтой 意为对……有兴趣，对……上瘾。如：Тэр хүн шүлэгт дэндүү хорхойтой.（他非常喜欢诗。）再如：Хүүхэд залуусыг номонд хорхойтой болго.（要让青少年热爱读书。）


А:　Хаа хүрч явна?

Б:　Спортын сонин авахаар явж байна.

А:　Амралтаа яаж өнгөрөөж байна даа?

Б:　Дэлхийн хөл бөмбөгийн аварга шалгаруулах тэмцээн үзээд тун завгүй байна.

А:　Чи хөл бөмбөгт тийм хорхойтой юм уу?

Б:　Тэгэлгүй яахав, шөнө нойргүй зурагт үзээд өдөр нь спортын сонин уншаад заримдаа найзуудтайгаа пиво уунгаа хөл бөмбөг үздэг.

А:　За тэгээд ямар багийг дэмжиж байна?

Б:　Бразил.

А:　Энэ жил Франц, Итали, Германы багууд сайн байх шиг байна.

Б:　Тэр нь ч тийм л дээ. Гэхдээ Бразилийг гүйцэхгүй.

А:　Бразилчууд өмнөх тэмцээнд сайн тоглосон байх аа.

Б:　Тэр жил дэлхийн аваргад Бразил, Германы багууд шалгарч үлдэж байсан шүү дээ.

А:　Энэ жилийн алтан цомын эзэн ямар баг болох бол?

Б:　Бразил болно. Яагаад гэвэл энэ жил тэр багт туршлагатай тоглогчид хэд хэд бий. Мөн сайн хаалгач, дасгалжуулагч байгаа шүү дээ.

А:　За. Би энэ талаар мэдлэг муу л даа. Танай багт амжилт хүсье.

Б:　Баярлалаа. Чи өнөөдрөөс манай багийг дэмжээрэй!


### 13.1.2 Тайлбар

1. Амралтаа яаж өнгөрөөж байна даа? 假期怎么过的？
   өнгөрөөх 是 өнгөрөх 的使动态，同 өнгөрүүлэх。

2. Заримдаа найзуудтайгаа пиво уунгаа хөл бөмбөг үздэг. 有时候跟朋友喝着啤酒看足球。

уунгаа... үздэг 边喝边看。-нгаа⁴ 乘机副动词后缀。如：Автобусаар явангаа хөгжим сонсох ч гоё шүү. 坐着公交车听音乐也不错哦。

3. Гэхдээ Бразилийг гүйцэхгүй. 但是都比不上巴西（队）。

гүйцэх，意为赶上、追上。如：Үнэнээр явбал үхрийн тэргээр туулай гүйцэнэ.（本义为：心诚的话牛车也能追上兔子。或意译为"精诚所至，金石为开"。）此外，гүйцэх还有达到、实现、完成之意。例如：Жишээ нь улиас гэхэд 20 нас хүрсэн бол нас гүйцсэн, хар мод гэхэд 80-100 жил ургаж байж нас гүйцэх жишээтэй. 例如，杨树20年就成年了，而落叶松则长到80—100年才成年。

**13.1.3 Шинэ үгс**

| | | |
|---|---|---|
| атлетик | （名） | 竞技, 运动 |
| хөнгөн атлетик | （名） | 田径运动 |
| хорхойтой | （形） | 爱好……的, 迷恋……的 |
| тэшүүрээр гулгах | （词组） | 滑冰 |
| хоккей | （名） | 冰球, 曲棍球 |
| аварга шалгаруулах тэмцээн | （词组） | 锦标赛 |
| пиво | （名） | 啤酒 |
| Бразил | （名） | 巴西 |
| цом | （名） | 奖杯 |
| туршлага | （名） | 经验, 试验 |
| хаалгач | （名） | 守门员 |
| дасгалжуулагч | （名） | 教练 |

## 13.2 Унших сэдэв

### ДҮГНЭЛТ ГАРГАХАД ЯАРААД ХЭРЭГГҮЙ

Нэгэн тосгоны өвгөн байжээ. Маш ядуу юм санж. Гэвч хаан хүртэл түүнд атаархдаг байжээ... Учир нь өвгөн үгээр хэлшгүй, үзгээр дүрслэшгүй тийм сайхан цагаан морьтой гэнээ. Хаан тэр морийг авахын тулд бүх хөрөнгийнхөө бараг талыг амласан боловч өвгөн огт халгаахгүй байлаа. "Энэ чинь морь биш, миний найз. Хүн найзаа зардаг юм уу!" гэдэг байв.

Нэг өглөө бостол өвгөний өнөөх сайхан цагаан морь алга болсон байлаа. "Ээ азгүй зөрүүд хөгшин! Ийм сайхан морийг юу гэж зүгээр орхих вэ дээ! Хаанд л зарах байсан юм. Тэгсэн бол өдийд насаараа идээд барахгүй хөрөнгөтэй сууж байхгүй юу. Одоо

## 第13课 АРВАН ГУРАВДУГААР ХИЧЭЭЛ

морь ч үгүй, мөнгө ч үгүй хоцрох чинь энэ дээ" гэж тосгоныхон халаглацгааж байв.

Өвгөн "Яарч дүгнэлт гаргаж болохгүй. Морь ердөө л алга болсон байна шүү дээ. Морь алга болсон нь үнэн боловч бусад нь та нарын тааж гаргасан дүгнэлт шүү дээ. Миний морины алга болсон нь үнэхээр азгүй явдал уу эсвэл аз завшаан уу гэдэг нь одоогийн байдлаар тодорхой биш байна шүү дээ. Энэ бол зөвхөн эхлэл. Дараа нь юу болохыг хэн ч мэдэхгүй шүү дээ." гэлээ.

Тосгоныхон өвгөнийг шоолон инээлдэж, энэ өвгөн зөнөсөн байхаа гэцгээж байв. Гэтэл тун удалгүй 15 хоногийн дараа алга болсон морь эзэнгүй олон адуу дагуулсаар буцаж иржээ. Морийг хэн ч хулгайлаагүй байсан бөгөөд ууланд гарч зэрлэг адууны сүрэгтэй нийлээд тэднийг хураан дагуулан ирсэн байжээ. Тосгоныхон өвгөнөөс уучлалт гуйж "Таны зөв байжээ, морины алга болсон нь тийм ч муу зүйл биш, харин ч аз завшаантай хэрэг болсон байжээ. Одоо бүр сүрэг сайхан адуутай боллоо шүү дээ." гэцгээж байлаа.

Харин өвгөн "За даа, та нар зөвхөн морь буцаж ирлээ гэж хэл. Цаашдаа юу болохыг хэн ч мэдэхгүй шүү дээ. Энэ бол бас л зөвхөн эхлэл. Зөвхөн эхний хуудсыг уншаад бүхэл бүтэн номын талаар дүгнэлт гаргаж болохгүй шүү дээ." гэв. Энэ удаа тосгоныхон өвгөнийг шоолж инээлдсэнгүй. Харин дотроо энэ өвгөн бага зэрэг хэнхэг юм гэж бодоцгоогоод өнгөрчээ. Энэ явдлаас долоо хоног ч өнгөрөөгүй байтал өвгөний ганц хүү зэрлэг адуунаас нэгийг сургах гэж байгаад унаж хүнд бэртжээ.

Тосгоныхон энэ удаа "Ганц хүү чинь удаан хугацаагаар босч явж чадахгүй. Ингээд тахир дутуу ч болж магадгүй. Гэтэл танд өөр хэн ч байхгүй. Таныг одоо хэн асран халамжлах вэ? Та ч хэцүү байдалд орлоо доо." гэцгээлээ. Өвгөн "Та нар ямар сонин хүмүүс вэ. Яарч дүгнэлт гаргах өвчин туссан юм уу" гэж уцаарлав. "Миний хүүгийн хөл хугарсан. Тэгээд л боллоо. Амьдралд юу тохиолдохыг хэн ч мэдэхгүй. Одоо зөвхөн энэ л тодорхой байна. Өөр юу ч тодорхой биш." гэлээ. Тун удалгүй хаант улс руу харийн дайсан довтолж гэнэ. Хаан, эрхтэн бүтэн бүх эрчүүдийг цэргийн албанд дууджээ. Тосгоныхон гашуудалд автацгаав. Учир нь энэ дайнд ялах магадлал тун бага байлаа. Дайнд явсан залуучууд нэг бол амь үрэгдэнэ, эсвэл олзлогдоно гэдгийг бүгд мэдэж байлаа. Тосгоныхон мөн л өвгөн дээр ирэн, "Та ч азтай юмаа. Таны хүү хөл нь хугарсан ч гэсэн дэргэд чинь байна. Харин бидний хөвгүүд дайнаас эргэж ирэхгүй. Таны зөв байжээ. Хүүгийн хөл хугарсан нь үнэндээ бол азтай хэрэг байжээ." гэцгээв.

Гэтэл өвгөн, "Миний хүүгийн хөл нь хугарч, та нарын хөвгүүдийн дайнд явсан үнэн. Харин аль нь үнэхээр сайн болохыг хэлэх нь дэндүү эрт байна. Яарч дүгнэлт гаргаад хэрэггүй гэж би та нарт хэлдэг шүү дээ." гэжээ. Шууд дүгнэлт гаргах нь толгой ажиллахыг зогсоодог. Дүгнэлт гаргасан бол толгой ажиллахаа больж, тэр талаар бодохоо больдог.

### 13.2.1 Шинэ үгс

| | | | |
|---|---|---|---|
| дүрслэх | (动)描写,刻画 | халамжлах | (动)关怀,照顾 |
| халгаах | (动)使靠近 | уцаарлах | (动)烦躁,不耐烦 |
| зөрүүд | (形)固执的,执拗的 | довтлох | (动)进攻,侵犯 |
| таах | (动)猜测 | эрхтэн | (名)器官 |
| зөнөх | (动)老朽,老糊涂 | гашуудал | (名)悲痛,哀伤 |
| зэрлэг | (形)野生的 | магадлал | (名)可能性,几率 |
| хэнхэг | (形)贪婪的,不知足的 | амь үрэгдэх | (词组)牺牲,殉难 |
| тахир дутуу | (词组)残疾的 | олзлогдох | (动)被俘虏 |
| асрах | (动)照顾,关爱,爱护 | | |

### 13.2.2 Тайлбар

1. Маш ядуу юм санж. *原来曾经很穷*。

"юм санж"可写为"юмсанж",是语气词"юмсанжээ"的简化形式,表示回想过去很久的事情,用于静词和过去时形动词之后,意为"原来曾是……"。"юмсанжээ"="юм+сан+жээ"。如:

Нэг эмгэн ганц хүүхэнтэй юмсанж.
从前,一个老太太有一个独生女儿。

Балбарынх их баян айл юмсанжээ.
巴拉巴尔家原来是很富的。

Эрт урьд цагт нэг их баатар байсан юм санж.
很早以前曾经有一位大英雄。

Тэр хавьд ганц худаг байдаг юмсанж.
原来,那一带只有一口水井。

2. Учир нь өвгөн үгээр хэлшгүй, үзгээр дүрслэшгүй тийм сайхан цагаан морьтой гэнээ.
因为老头有一匹无法用语言来表达、无法用画笔来描绘的白色的宝马良驹。
本册已经学过动词词根+后缀"-шгүй"的用法,"үгээр хэлшгүй, үзгээр дүрслэшгүй"可以翻译为"无法用语言来表达、无法用画笔来描绘的"。

3. "Энэ чинь морь биш, миний найз. Хүн найзаа зардаг юм уу!" гэдэг байв.
他常说:"这不是匹马,而是我的朋友。人能出卖自己的朋友吗?"

Одоо морь ч үгүй, мөнгө ч үгүй хоцрох чинь энэ дээ.
现在可倒好,马也没有了,钱也没得到啊。

以上两句中的"чинь"除了表示与说话对象有关之意,还起到了显示主语的作用。

4. "юм уу"语气词,表示"是吗""或者,是不是……呀?"之意。用于静词和形动词之后。
◆在一般疑问句中表示加强疑问语气,含有进一步追问、确认的意味。如:

Энэ чинь таны суудал юм уу?
这是您的座位吗?

## 第13课　АРВАН ГУРАВДУГААР ХИЧЭЭЛ

Үнэхээр тийм сонин юм уу?
真是那么有趣吗？

Тэнд ажиллаж байгаа хүн ердөө аравхан юм уу?
在那儿工作的人总共才10个吗？

◆在选择性的疑问句中，起选择连接词作用。

Чи цай уудаг юм уу, кофе уудаг юм уу?
你经常喝茶还是喝咖啡？

◆在修辞性的疑问句中，表示怀疑语气。

Та хэдийн хэн нь ч сонсоогүй юм уу?
你们几个谁也没听到吗？

Манай Ойдов ойрдоо нэг л хачин, уурлаад байгаа юм уу?
我们的奥依德布最近很怪，是不是在生气啊？

Настай хүнийг ингэж хүндлэхгүй байж болох юм уу?
难道可以这样不尊重老年人吗？

Үгүй, зайлуул биднээс айсан юм уу, юм асуухад ердөө дуугарахгүй юм.
这家伙是不是怕我们呀？问他什么，总是一声不吭。

5. "Ээ азгүй зөрүүд хөгшин! Ийм сайхан морийг юу гэж зүгээр орхих вэ дээ! Хаанд л зарах байсан юм. Тэгсэн бол өдийд насаараа идээд барахгүй хөрөнгөтэй сууж байхгүй юу. Одоо морь ч үгүй, мөнгө ч үгүй хоцрох чинь энэ дээ" гэж тосгоныхон халаглацгааж байв.
村民们叹息着："这个不走运的老顽固，这么一匹好马干嘛白白地丢掉！就该卖给可汗。那样的话，不就有了一辈子用不尽的财产。现在可倒好，马也没了，钱也没得到啊！"

"байхгүй юу"本意是"没有吗？"、"不在吗？"，但当"байх"作助动词时，"байхгүй юу"成为一种习惯用语，表示反诘的肯定语气，强调对事实与活动的确认。该习语主要用于静词、形容词和部分副动词之后，作结尾谓语。

◆静词 + байхгүй юу? 如：

Энэ замаар явбал арай ойрхон байхгүй юу?
顺着这条路走，不是更近一点吗？

Үлдсэн нь зөвхөн гуравны нэг нь байхгүй юу?
留下来的，不就三分之一嘛。

◆形动词+ байхгүй юу? 如：

Өөрөө тэргийг нь бариад ирсэн байхгүй юу?
是我自己开车来的。

Аав нь хүүхдийн эмнэлэгт ажилладаг байхгүй юу?
他父亲就在儿童医院工作嘛？

◆并列副动词+ байхгүй юу? 如：

Хоол унднаас л болж байхгүй юү.

还不就是饮食引起的。

Би түүний үгнээс зөрөөд, тэгээд л муудалцаж байхгүй юү.

我跟他顶了嘴，于是两人就翻脸了。

◆先行副动词+ байхгүй юу? 如：

Гараад үзсэн чинь хээр морь минь алга. Тэгээд л энүүгээр сураглаад байхгүй юу?

出来一看，我那枣骝马不见了。于是就到这边打听来了。

## 13.3 Дасгал

**Дасгал 1** Бичлэг сонсож "Харилцан яриа" –г унш. Амаар орчуулаад дадамгай эзэмшээрэй.

**Дасгал 2** Бичлэг сонсож "Унших сэдэв"–ийг дахин дахин унш.

**Дасгал 3** "Унших сэдэв"–ийг хятадаар орчуул.

**Дасгал 4** Бичлэг сонсоод өгүүлбэр бичээд хятадаар орчуул.

**Дасгал 5 Өгүүлбэр зохио:**
1. -нгаа⁴
2. -хаар явах
3. -д/-т хорхойтой
4. аль хэр
5. юм уу
6. байхгүй юү
7. юмсанж
8. халгаахгүй
9. зүгээр орхих
10. - д автацгаах.

**Дасгал 6 Монголоор орчуул:**
1. 爸爸到北京出差，顺便看看我。
2. 学校西门外有家火锅店，咱们去那儿边吃边聊。

## 第13课  АРВАН ГУРАВДУГААР ХИЧЭЭЛ

3. 谁都无法估计流言传播的速度到底有多快。
4. 苏伦是个体育迷，对各种运动都充满兴趣。
5. 从前这里曾经是一片草场，随着环境和气候的变换，这里变成了戈壁滩。
6. 山区的生活，对于长期生活在城市里的人来说，无法想象的枯燥寂寞。
7. 南方的冬天，令北方人难以忍受。
8. 在钢琴演奏上，他有着无可比拟的天赋。(адилтгашгүй)
9. 她总是急急忙忙做决定，过后又后悔，抱怨自己。

**Дасгал 7** Монголоор зохион бич: "Шийдвэр гаргах нь".

**Дасгал 8** Дараахь нэмэлт бичвэрийг уншиж сайн ойлго.

### Нэг аяга сүү

Хорвард сургуулиасаа ирээд л ямар нэг юм худалдаж өл залгахаар явдаг байлаа. Мэдээж түүний зарах юм хүмүүст тийм ч хэрэгтэй биш болохоор тэр бүр амжилттай биш.

Өнөөдөр тийм азгүй өдөр ажээ. Өлсөж ядарсан хүү аргаа барж айлаас идэх юм гуйхаар шийдэж нэг хаалга тогшвол үе тэнгийн хөөрхөн охин хаалга тайлав. Ичиж зовсон Хорвард идэх юмны оронд ус гуйлаа. Харин охин бүхнийг ойлгож байсан тул аяга сүү авчирч өглөө.

Хүү сүүг удаан уугаад хармаандаа байгаа юунд ч хүрэхгүй 10 центээ тэмтрэн хэдийг төлөх вэ? гэхэд охин "Хэрэггүй ээ. Ээж минь хийсэн сайн үйлийнхээ төлөө мөнгө авахгүй байх ёстой" гэж сургасан юм гэжээ. Хорвард чин сэтгэлээсээ талархал илэрхийлээд явлаа. Он жилүүд урсан өнгөрч Хорвард бага сургууль, лицей, их сургуулиа төгсчээ. Цаг хугацаа урссаар л. Алдартай Жонс Хопкинсын их сургуулийн доктор Хорвард Келлигийн удирддаг эмнэлэгт нэгэн хүнд өвчтөн иржээ. Бусад эмнэлгийн эмч нар эмчлэх байтугай оношилж ч чадаагүй аж.

Доктор Хорвард өвчтөний тухай танилцахад бага нас нь өнгөрсөн танил тосгон ... бас мартаагүй нэр ... байжээ. Өвчтөний өрөөнд үзлэг хийхээр орвол яг мөн. Олон жилийн өмнө өөрт нь усны оронд сүү өгсөн тэр сайхан сэтгэлтэй охин мөн байлаа. Харин өвчинд шаналсан эмэгтэй Хорвардыг хэрхэн таних билээ? Доктор Хорвард түүний төлөө бүхнийг хийжээ. Эцэст нь бүсгүйн амь нас авраглжээ.

Эмчилгээ дуусч эмнэлгээс гарах өдөр тэр эмэгтэйн эмчилгээ хагалгаа, үйлчилгээний зардал 10000 доллар болсныг батлуулахаар докторт авч очвол Хорвард төлбөрийн хуудсан дээр ямар нэг юм бичээд эмэгтэйд аваачиж өгөхийг хүсэв. Ийм их эмчилгээ, асар их төлбөртэйг мэдэх эмэгтэй айж санаа зовсоор дугтуйг задалбал,

"Олон жилийн өмнө нэг аяга сүүгээр төлсөн. Доктор Хорвард" гэсэн гарын үсэг байжээ.

1. Өгүүллэг нь яагаад "Нэг аяга сүү" гэж нэрлэгдсэн бэ?
2. Охин яагаад Хорвардад нэг аяга сүү өгсөн бэ?

**Шинэ үгс**

| | | |
|---|---|---|
| Хорвард | （人名） | 霍华德 |
| өл залгах | （词组） | 解饿,充饥 |
| тэр бүр ... биш | （词组） | 并非都…… |
| арга барах | （词组） | 无计可施,束手无策 |
| тогших | （动） | 敲 |
| үе тэнгийн | （词组） | 同辈的,同代的 |
| хармаа(н) | （名） | 口袋,兜 |
| цент | （名） | 美分 |
| тэмтрэх | （动） | 摸索 |
| лицей | （名） | 旧俄时代贵族学校,(法)中等学校 |
| Жонс Хопкинсын их сургууль | （词组） | 约翰霍普金斯大学 |
| Келли | （名） | 克里 |
| шаналах | （动） | 悲痛,忧愁 |
| батлуулах | （动） | 得到保证,得到证明 |
| аваачих | （动） | 拿去,拿走 |

# АРВАН ДӨРӨВДҮГЭЭР ХИЧЭЭЛ

```
14.1 Харилцан яриа
    14.1.1 Тайлбар
    14.1.2 Тайлбар
    14.1.3 Тайлбар
    14.1.4 Шинэ үгс
14.2 Унших сэдэв
    ЧАМИН ӨЛГҮҮР
    14.2.1 Шинэ үгс
    14.2.2 Тайлбар
14.3 Дасгал
```

 **14.1 Харилцан яриа**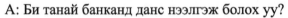

А: Би танай банканд данс нээлгэж болох уу?

Б: Та энд хир удаан суух вэ?

А: Би МУИС-д нэг жил оюутнаар сууна.

Б: Таны пасторт, оюутны үнэмлэх байна уу? Бас сургуулийн тодорхойлолт хэрэгтэй.

А: Байна, байна. Зураг хэрэгтэй юү?

Б: За, нэг хувь цээж зураг анкетэн дээр наахад хэрэг болно. Та ямар данс нээлгэх вэ? Хадгаламжийн, эсвэл валютын?

А: Хадгаламжийн данс нээлгэе.

Б: Хадгаламжийн данс гэвэл хугацаатай, хугацаагүй гэж хоёр хуваагдана. Та алийг нь нээлгэх вэ?

А: Би хугацаагүйг нээлгэе.

Б: За, та энэ анкетийг бөглөөд өг.

### 14.1.1 Тайлбар

1. Нэг хувь цээж зураг анкетэн дээр наахад хэрэг болно. 需要在表上贴一张半身照片。хэрэг болно相当于хэрэгтэй。

   另外，蒙古语中的量词比较少，如хувь, ширхэг等。大部分情况下不使用量词，但是在译成中文的时候，为符合中文表达习惯，要注意增加合适的量词。如：нэг гахай（一头猪）。再如：нэг ширээ дөрвөн сандал（一张桌子四把椅子）等等。

2. Хадгаламжийн данс гэвэл хугацаатай, хугацаагүй хоёр хуваагдана.储蓄账户分为定期和活期两种。

Дорж: Сайн байна уу? Би мөнгө солиулах гэсэн юм.

Няраv: Та ямар мөнгө солих вэ?

Дорж: Юань.

Няраv: Болно, болно. Хэдийг?

Дорж: Өнөөдөр ханш ямар вэ?

Няраv: 280 төгрөгийн ханштай байна. Тэр самбар дээр бүгд байгаа.

Дорж: За, би 300 юань солиулья.

Няраv: Гурван зуун юань чинь 84000 төгрөг болж байна.

Дорж: Май, та надад арав, хорин мянгатын дэвсгэртээр өгнө үү?

Няраv: За, зарим нь таван мянгатаар болох уу?

Дорж: Болно, болно.

Няраv: Та мөнгөө наанаа сайн тоолж аваарай.

Дорж: Зөв байна, баярлалаа.

### 14.1.2 Тайлбар

1. Би мөнгө солиулах гэсэн юм. 我要换钱。

   мөнгө солиулах和下面一句中的мөнгө солих都是换钱的意思。但是мөнгө солиулах是请别人（为自己）换钱，请注意区别。

2. Хэдийг?（换）多少？

   这是省略句。因为有上下文，所以省略了谓语动词солих。

3. Май, та надад арав, хорин мянгатын дэвсгэртээр өгнө үү? 给，请您给我一万图、两万图面值的票子。

   дэвсгэрт有货币、面值、票面额之意。如：цаасан дэвсгэрт（纸币），мөнгөн дэвсгэрт（银币）。再如：АНУ-ын эрх баригчид гүйлгээнд шинэ 100 долларын дэвсгэрт гаргах гэж байна.（美国执政者将在流通领域发行新的100元面值的美元。）

А: Бээжингээс ирэх Айр Чайна-гийн онгоц хэзээ буухыг яаж мэдэх вэ?

Б: 198-аас асуу.

# 第14课 АРВАН ДӨРӨВДҮГЭЭР ХИЧЭЭЛ

А: Аа, за.

А: Нисэхийн лавлах уу?

Б: Мөн байна.

А: Бээжингээс Айр Чайна хэзээ буух вэ?

Б: Хуваариараа буун. 16:40-д (арван зургаа дөчид) буун.

А: Өөр нэг юм асууя. МИАТ-ээр Бээжин рүү хэд дэх өдөр нислэгтэй байгаа билээ?

Б: Өдөр бүр нисдэг.

А: Ачаа хэдэн килийг авч явах билээ?

Б: Энгийн суудал бол 20 кг. Бизнес суудал бол 40 кг ачаа авч явж болно.

А: За, баярлалаа.

Б: Зүгээр. Замдаа сайн яваарай.

## 14.1.3 Тайлбар

1. Бээжингээс ирэх Айр Чайна-гийн онгоц хэзээ буухыг яаж мэдэх вэ? 怎么才能知道从北京飞来的国航飞机何时降落呢？

   Айр Чайна 是中国国际航空公司的 Air China 的蒙文转写。随着英语的普及，在蒙古国用蒙文转写英文，直接应用在文章中的现象越来越多，并逐渐成为一种时尚。如："Apple" корпорац өнөөдөр 6C, 6S загварын гар утаснуудаа албан ёсоор худалдаалж эхлэх юм.（"苹果"集团今天开始正式发售6C, 6S版手机。）再如：Танилц! Чиний онлайн фитнессийн дасгалжуулагчид.（认识一下您的在线健身教练们吧！）

2. Хуваариараа буун. 正点降落（按时降落）。

   хуваарь 意为时间表、分配表。如：цагийн хуваарь（时间表、时刻表），хичээлийн хуваарь（课程表），ажлын хуваарь（分工表）等等。

3. МИАТ-ээр Бээжин рүү хэд дэх өдөр нислэгтэй байгаа билээ? 蒙古民航周几有飞往北京的航班呢？

   МИАТ: Монголын Иргэний Агаарын Тээвэр 蒙古民航

## 14.1.4 Шинэ үгс

| | | |
|---|---|---|
| данс(н) | （名） | 账户,账单 |
| нээлгэх | （动） | 使打开,开立 |
| паспорт | （名） | 护照 |
| тодорхойлолт | （名） | 证明书,说明书,鉴定 |
| цээж зураг | （词组） | 半身照片 |
| анкет | （名） | 履历表 |
| хадгаламж | （名） | 存款,储蓄 |
| валют | （名） | 货币,外币,外汇 |

| | | |
|---|---|---|
| ханш | （名） | 行情 |
| дэвсгэрт | （名） | 钞票的面额 |
| лавлах | （名） | 问讯处 |
| нислэг | （名） | 航班 |
| кило | （名） | 公斤 |
| бизнес | （名） | 商业 |

## 14.2 Унших сэдэв

### ЧАМИН ӨЛГҮҮР

Хуучин дарга халагдаж шинэ дарга иржээ. Шинэ дарга тасалгааныхаа хогшлыг хуучнаас нь өөр маягтай засаж, хувцасны өлгүүрийг солихоор шийджээ. Тэр өлгүүр эрээн мяраан, эрэвгэр сэрэвгэр нь хэтэрхий, хийц байдал дэндүү чамин, суурь тэнцвэр муутай, хоёр пальто өлгөхөөр аягүй л бол савж унадаг байжээ. За тэгээд чамин өлгүүрийг агуулахад шилжүүлэв.

Агуулахад хөл нь хугарсан сандал, өр нь цоорсон ширээ, будаг нь холцорсон шүүгээ, чийдэнгийн гоёмсог бүрхүүл, ширээний чулуун хэрэгсэл, эвдэрхий бандан, хэмхэрхий тантун... долоон жорын юм байна. Чамин өлгүүр агуулахад ороод бандан, тантун хоёрыг үзмэгц тас ширвэж, хэдэн жижиг ширээ, сандлыг нэг харснаа тоож дуугарсан ч үгүй. Харин данс бүртгэлд «хагас зөөлөвчтэй» гэж нэрлэдэг нэг сандалд зөвхөн толгой дохин мэндлэв. Тэгээд төө хэртэй зузаан зөөлөвч бүхий бандгар том сандлыг үзмэгц мэхэсхийн:

- Амрыг айлтгая! Үгүй ээ ер та нар чинь энд шилжээд ирчихсэн юм уу? За тэгээд сонин юу байна. Хэ хэ хэ гэж сүйд майд болжээ. Гэвч бандгар сандал, чамин өлгүүрийг тоохгүй байдалтай яаралгүй толгой дохиод,

- Таны хүсэж байгаа асуудлыг одоогоор хянаж үзэх бололцоо алга байна. Та дараа ир! гэв.

"Энэ тэнгэр баганадсан горзгор чинь хэн гэгч вэ? Яасан ярвагар эд вэ! Мөн дэгжин хайрхан байна даа" гэж тэнд байсан ширээ сандлууд шивнэлдэж гарчээ.

Чамин өлгүүр тэр шивнэлтийг сонсоод дотроо хорсон би гэдэг чинь хэн бэ?! Энэ муусайныг бодвол би даргын тасалгаанд олон жил ажиллаж олон даргын нүүр үзэхэд гологдоогүй явсан юм даа. Эд, миний хэн болохыг сайн мэдэх болно доо гайгүй! Үгүй ээ ер, намайг хатавчинд зогсож байхад энэ муу хугархай шүүр хоймор аваад, над зай тавьж өгөхгүй, тоох ч үгүй байх шив гэж бодоод,

- Хүүе муу шүүрийн тамтаг аа! Чи юун хойморсог, новш вэ гэж хоолойгоо шахан

# 第14课  АРВАН ДӨРӨВДҮГЭЭР ХИЧЭЭЛ

өгүүлэв. Хугархай шүүр дээшээ өлийж хараад,

- Тэмээ унасан, тэнгэр тулсан та чинь хэн гуай байна даа? Би ч яах вэ, аашныхаа мууд тамтаг болоогүй ажиллаж зүтгэж яваад хугарсан шүүр юм. Ажиллаж хөдөлж байхдаа хатавчны хогийг ч хамж хоймрын хогийг ч шүүрдэж явсан юм даа гэв. Чамин өлгүүр ярвайж тамшаалаад:

- Үгүй ер ихээ эд байх нь байна шүү гэтэл хугархай шүүр:
- Ихийг бодвол бага, багыг бодвол их гэдэг юм гэв.
- Үгүй ер, бас цэцэн цэлмэг эд байх нь гэхэд
- Цэцэн цэлмэг нь биш ч гэсэн мод төмөр хоёрыг ялгадаг л юм даа. Та ч мод, би ч мод, хэрээ хэрээнийхээ харыг гайхав гэгчээр мод модондоо дээрэлхээд яах юм бэ дээ гэхэд тэнд байсан юмс инээцгээв. Чамин өлгүүр уурсаж,

- Аа муусайныг бодвол би бол их юм үзэж нүд тайлсан өлгүүр шүү. Хуучин даргын халиу захтай пальтогоос аваад шляп, драпны саппыг харин нэг эдэлж үзлээ дээ. Даргын хамгийн тэргүүн зэргийн зочид эхлээд надтай золгож, буцахдаа заавал над мэнд хүргэдэг байсан юм шүү.

Цэвэрлэгч нар намайг хамгийн цэвэр, хамгийн зөөлөн даавуугаар арчдаг байсан юм шүү. Эд хогшлын дансанд би хамгийн эхэнд биш боловч нэлээн дээгүүр бүртгэгдэж байсан юм шүү... гээд л илтгэж гарчээ.

Өнөөх хугархай шүүр жуумалзаад өлгүүр гуайн үгийг тасалж:

- Чамин өлгүүр гуай аа! Та даргыг байхад ч яах вэ халиу захтай пальтогий нь өмсөөд халбалзаж байсан юм байж, гэвч даргыг эзгүйд улаан нүцгэн, чармайн шалдан зогсож байсан биз дээ гэхэд тантун тачигнатал хөхөрч бүгдээрээ пижигнэтэл инээж агуулах дүүрэн айхтар чимээ гарчээ. Үүнээс хойш агуулах их л наргиан шуугиантай болж ганцхан чамин өлгүүр бусдыгаа огт тоохгүй, ташаагаа тулж хатавчинд зогссон хэвээр байжээ.

Нэг өдөр аж ахуйн комендант хүрч ирээд чамин өлгүүр хугархай шүүр хоёрыг авч мужаанд аваачиж өгчээ. Мужаан юуны өмнө чамин өлгүүрийг барьж аваад эрвэгэр сэрвэгэрийг хөрөөдөж эхлэхэд чамин өлгүүр чарлаж орилж,

- Муу хар хөрөө чи сайхан мэдээрэй, би чамайг бодвол даргын тасалгааны өлгүүр шүү! Хөрөө чи хариуцлагыг нь хүлээнэ шүү! гэж хар чадлаар хашгичиж бархирсан боловч хөрөө гуайд бахь гуай, харуул гуай нар туслаад чамин өлгүүрийг яах ийхийн завгүй задалж гол моды нь авч өнөөх шүүрийг ишилжээ.

Шинээр ишилсэн шүүрийг агуулахад авчирсанд тэнд байсан эд юмс сонирхон шуугилдлаа. Чамин өлгүүр хугархай шүүр хоёр «гэрлэж» яв хийсэн сайн шүүр болсонд тэр юмс баяр хүргэж их амжилт, олон үр ачтай болоорой гэж ерөөцгөөжээ. Бий болсон цагаасаа хойш анх удаа бусдын талархал хүлээж байгаа чамин өлгүүрийн мод, за ер нь ажлыг хар бор гэж ялгах дээрэлхэх гэдэг чинь дэмий юм байна даа гэж бодсон гэнэ билээ.

**14.2.1 Шинэ үгс**

| | | | |
|---|---|---|---|
| чамин | (形)奢华的,时尚的 | шилжих | (动)转移,搬迁 |
| халагдах | (动)被辞退,被更换 | сүйд майд болох | (词组)显得很热闹、很兴奋的样子 |
| тасалгаа(н) | (名)房间 | | |
| хогшил | (名)家具,物件 | баганадах | (动)用柱子支起 |
| эрээн | (形)花色的 | горзгор | (形)细长的,瘦高的 |
| мяраан | (形)花色的 | ярвагар | (形)傲慢的 |
| эрэвгэр сэрэвгэр | (词组)多枝杈的,蓬乱的 | дэгжин | (形)时髦的 |
| | | хайрхан | (名)山岳(敬语) |
| хийц | (名)结构,外形 | шивнэлдэх | (动)相互窃窃私语 |
| дэндүү | (副)太,太过分 | шивнэлт | (名)耳语 |
| суурь(н) | (名)基础,底座 | муусайн | (形)不大好的,不怎么样的 |
| пальто | (名)大衣 | | |
| аягүй | (形)不舒服的,不适宜的 | гологдох | (动)被遗弃 |
| | | хатавч | (名)门框的合页,门梃 |
| савах | (动)摔倒 | хугархай | (形)折断的 |
| агуулах | (名)储藏室 | шүүр | (名)笤帚 |
| цоорох | (动)破洞 | хоймор | (名)(蒙古包内的)北面,上座 |
| будаг | (名)颜料,漆 | | |
| холцрох | (动)剥落,脱落 | зай | (名)空,空地,距离 |
| гоёмсог | (形)漂亮的,修饰的 | тамтаг | (形)被弄乱的,弄糟的 |
| бүрхүүл | (名)覆盖物 | хойморсог | (形)上座的,受尊敬的 |
| эвдэрхий | (形)破碎的,残缺不全的 | новш | (名)垃圾 |
| | | өлийх | (动)仰头 |
| бандан | (名)板凳 | ааш | (名)脾气,性情 |
| хэмхэрхий | (形)破碎的 | хамах | (动)收拢,聚拢 |
| тантун | (名)痰桶,痰盂 | шүүрдэх | (动)清扫 |
| бүртгэх | (动)登记,注册 | ярвайх | (动)做出傲慢的样子 |
| зөөлөвч | (名)缓冲器,软垫 | тамшаалах | (动)摆架子,做出傲慢的状态 |
| төө | (名)一拃 | | |
| бандгар | (形)胖乎乎的,肥大的 | цэцэн | (形)智慧的,英明的 |
| мэхэсхийх | (动)鞠躬 | дээрэлхэх | (动)倨傲,自高自大,盛气凌人 |
| амар айлтгах | (词组)问安,问好 | | |

# 第14课  АРВАН ДӨРӨВДҮГЭЭР ХИЧЭЭЛ

| халиу(н) | (名)水獭 | наргиан | (名)嬉戏,喧闹 |
| шляп | (名)礼帽,呢帽 | ташаа(н) | (名)胯,腰部 |
| драп | (名)厚呢子 | тулах | (动)支撑 |
| сапп | (名)帽子 | аж ахуйн комендант | (词组)总务主任 |
| золгох | (动)拜访 | мужаан | (名)木匠 |
| даавуу(н) | (名)布 | хариуцлага | (名)责任,责任感 |
| жуумалзах | (动)抿着嘴嬉笑 | хашгичих | (动)不停叫喊 |
| халбалзах | (动)宽大或肥大物频频动作 | бахь | (名)钳子 |
| | | харуул | (名)刨子 |
| нүцгэн | (形)赤裸的 | ишлэх | (动)做柄,安把手 |
| чармай шалдан | (词组)一丝不挂的 | шуугилдах | (动)吵嚷,喧闹 |
| тачигнах | (动)发出清脆的声响 | | |
| пижигнэх | (动)发出沉重震颤的声响 | | |

## 14.2.2 Тайлбар

1. Шинэ дарга тасалгааныхаа хогшлыг хуучнаас нь өөр маягтай засаж, хувцасны өлгүүрийг солихоор шийджээ. 新任领导决定重新布置房间内的陈设,更换衣帽架。шийдэх意为"决定",其前常为"-хаар"形式。例如:

   Жүжигчин Батцэцэг энэ кинонд тоглохоор шийдлээ. 演员巴特其其格决定出演这部电影。

   Та жингээ хасахаар шийдсэн үү? 您决定要减肥了吗?

2. Энэ муусайныг бодвол... 和这些破烂相比……

   бодвол一词可以用来比较。例如:

   - Өнөөдрийн хичээл танд ямар санагдав? 您觉得今天的课怎么样?

   - Өчигдрийнхийг бодвол их сонин байна. 和昨天的相比,(今天的课)很有意思。

## 14.3 Дасгал

**Дасгал 1** Бичлэг сонсож "Харилцан яриа" –г унш. Амаар орчуулаад дадамгай эзэмшээрэй.

**Дасгал 2** Бичлэг сонсож "Унших сэдэв"–ийг дахин дахин унш.

**Дасгал 3** "Унших сэдэв"–ийг хятадаар орчуул.

**Дасгал 4** Бичлэг сонсож өгүүлбэр бичээд хятадаар орчуул.

**Дасгал 5** Өгүүлбэр зохио.

1. хуваарь
2. ... бол, ... бол
3. хир
4. хуваагдах
5. шийдэх
6. бодвол
7. засах
8. гологдох

**Дасгал 6** Монголоор орчуул.

1. 我决定报名参加这次比赛。
2. 和去年相比，今年冬天来得晚。
3. 地铁和出租车相比，不仅快捷，而且便宜。
4. 教研室决定今年秋天派遣6名成绩优异的同学前往蒙古学习。
5. 请问，国航飞往蒙古国首都乌兰巴托的航班几点降落啊?
6. 你能帮爷爷到银行开个活期储蓄账户吗?
7. 请您填写表格，并在右上角贴上半身免冠彩色照片。
8. 听说最近美元的行市不太稳定。

**Дасгал 7** Монголоор зохион бич: "Ажил олох нь".

**Дасгал 8** Дараахь нэмэлт бичвэрийг уншиж сайн ойлго.

### Ажилгүй иргэд

Статистикийн хорооноос гаргасан судалгаагаар Монгол улсад бүртгэлтэй ажилгүй иргэдийн тоо 2013 оны 3 дугаар сарын эцсээр 35,2 мянга байгаа ажээ. Гэсэн ч энэ бол хөдөлмөрийн зах зээл дээр бүртгүүлсэн иргэдийн л тоо. Гэтэл цаана нь ажил хайж байгаа гэж хөдөлмөрийн биржид бүртгүүлээгүй ажилгүй иргэд нилээд бий. Энэ хүмүүсийн дийлэнх олонх нь нийслэлийн захын дүүргүүдийн гэр хороололд амьдардаг. Тэдний амьдралын түвшин доогуур буюу нэн ядуу, дээрээс нь тэдний дунд архидалт их байдаг нь нууц биш. Харин яагаад тэд ажилгүй, ядуу мөн архи уугаад байна вэ гэсэн асуулт гарч ирнэ.

# 第14课  АРВАН ДӨРӨВДҮГЭЭР ХИЧЭЭЛ

Учир нь захын дүүргүүдийн гэр хороололд амьдарч байгаа иргэдийн ихэнх нь ганц, хоёр жилийн зуднаар амьдралынх нь баталгаа болсон хэдэн малаасаа салаад арга буюу хотод орж ирсэн хүмүүс байдаг. Гэрээ ачаалаад "ямар ч байсан хот орвол болох байх" гэсэн итгэл найдвар тээн ирсэн тэд олны урсгал дунд орж иржээ. Улаанбаатар хотод ажлын байр байх боловч тэд уг ажил олгогчийн тавьсан шаардлагын хаана нь ч хүрдэггүй. Тиймээс л тэд гудамд гарч лааз өшиглөөд, амьдралаа зүхээд архи ууж эхэлдэг.

Харин эдгээр хүмүүсийг нийгэмшүүлж, "хүн" болгохын тулд нэг хүнд 4-5 жил зарцуулна гэсэн тооцоо байдгийг "Нийгмийн халамжийн төв"-ийн мэргэжилтнүүд хэлж байна.

1. Дээрх өгүүлэлд дурдсан хүмүүс ажилгүй болсны учир шалтгаан юу вэ?
2. Таны бодлоор манай орны ажилгүйдэл Монголынхоос ямар ямар онцлогтой вэ?

**Шинэ үгс**

| | | |
|---|---|---|
| Статистикийн хороо | （词组） | 统计局 |
| бүртгүүлэх | （动） | 使注册,登记 |
| бирж | （名） | 交易所,市场 |
| дийлэнх олонх | （词组） | 绝大多数 |
| гэр хороолол | （词组） | 蒙古包区 |
| архидалт | （名） | 酗酒,喝酒 |
| зуд | （名） | 天灾 |
| ачаалах | （动） | 装载,装货 |
| найдвар | （名） | 希望,信心 |
| гудам | （名） | 细长通道,走廊 |
| лааз | （名） | 铁罐,罐头 |
| өшиглөх | （动） | 踢 |
| мэргэжилтэн | （名） | 专家,专业人员 |
| Нийгмийн халамжийн төв | （词组） | 社会福利中心 |

# 第 15 课

## АРВАН ТАВДУГААР ХИЧЭЭЛ

> 15.1 Харилцан яриа
>   15.1.1 Шинэ үгс
>   15.1.2 Тайлбар
> 15.2 Унших сэдэв
>   ЁСТЫН ЁСЧ ГЭДЭГ НЬ
>   15.2.1 Шинэ үгс
>   15.2.2 Тайлбар
> 15.3 Дасгал

## 15.1 Харилцан яриа

Содном, Дэлэг хоёр, том хайрцагтай юм дамжилсаар гарч ирнэ.

Содном

- Ёо, ёо алдлаа! Алдлаа! Амаръя! (гэж барина)

Дэлэг, (өмнөх Содномоо хайрцгаар түлхэн ахиулж)

- Юу...амрах гэж? Саяхан амрах чинь билээ!

Содном (хайрцгийг хариугүй алдах шахаж)

- Горигүйнээ! Горигүйнээ! Алдлаа! Амаръя! (гэж бархиран хайрцгийг буулгана).

Дэлэг (уурлан, хайрцгийн буланг өргөсөн хэвээр)

-Энэ хэдэн хайрцгийг энүүхэнд зөөчихөд юухан байхав дээ даанч!

Содном (ууртай)

- За чи... нэг их идэвхтэй амьтан болох гэж дэмий битгий донгос! Биеэ гамнах хэрэгтэй...

Дэлэг (инээмсэглэж)

- Та биеэ их гамнадаг уу?

Содном (ихэмсгээр)

- Гамналгүй яахав! Харин чи биеэ гамнаж сур!

# Арван тавдугаар хичээл

Дэлэг (инээмсэглэж)

- Би биеэ ингэж гамнаж сураагүй. Сурах ч үгүй. Тэгэхлээр бие минь муудчихсан байхдаа?

Содном (ихэмсэг)

- Тэгэлгүй яах вэ, бүр муудсан!

Дэлэг

- Гамнаж сурсан болохоороо таны бие жигтэйхэн сайн байх даа?

Содном (улам ихэрхэж)

- Тэгэлгүй яах вэ! Жигтэйхэн сайн!

Дэлэг (инээмсэглэж)

- За туршаад үзье! Хайрцгаа бариарай! (хоёул хайрцгийг өргөхөөр бэлтгэнэ)

Дэлэг

- Нэг, хоёр, гурваа ! (гэж хайрцгийн буланг дээр өргөнө).

Содном (хайрцгийн буланг дөнгөж хөндийрүүлээд)

- Ёо, ёо алдлаа алдлаа!

Дэлэг (хэвээр)

- Аль вэ дээ, өнөөх их гамнасан бие чинь?

Содном (уурлаж)

- Тэгээд чи чинь бие гамнахыг буруу гээд байна уу даа?

Дэлэг (хэвээр)

- Биеэ гамнах нь ч зөв л дөө,

Содном (уургайгаар)

- Тэгээд... тэгээд...?

Дэлэг (инээж)

- За тэгээд л өргөө! Нэг хоёр гурваа!

- Содном (хайрцгийн буланг дөнгөж хөндийрүүлмэгц)

- Ёо, ёо давахгүй нь! Давахгүй нь!

Дэлэг (инээмсэглэж)

- Хүүе хүүе конторын хаалга дуугарав! Дарга гараад ирэх шиг байна!

Содном (тэвдэж)

- Дарга! Дарга-ий чүү, чүү (гэж хайрцгийг дээр өргөнө)

Дэлэг (инээмсэглэж)

- Өө, дарга биш! Цэвэрлэгч байна!

Содном

- Цэвэрлэгч гэнээ! Ёо, ёо, алдлаа амаръя! (хайрцгийн буланг буулгана)

Дэлэг (уурлан)

- Юу ч хийгээгүй, ямар ч үр дүнгүй байж, амрах гэж юу гэсэн үг вэ?

Содном

- Үр дүн гэдэг гайгүй амархан олдоно.

Дэлэг

- Яагаад?

Содном (сэмхэн)

- Даргын нүдэн дээр л ажил их хийдэг хүн шиг үзэгдвэл...

Дэлэг (Чангаар)

- Даргын нүдэн дээр ээ?

Содном (сандарч)

- Хүүе! Аяар гэм аяар!

(тэр хоёр дээр дарга ирнэ).

- Содном (хайрцгийг өргөхөөр яаран зэхэж)

- За даргаа! Бид бараг зөөчихсөн. Одоо хэдхэн үлдсэн... Юухан байх вэ цус! (ханцуй шамлана)

Дэлэг (даргад)

- Энүүний залж байгааг хараач! Ердөө ганцыг ч хороож амжаагүй байж...

Дарга (Дэлэгт)

- Би ондоо газар шилжиж, та миний ажлыг хүлээж авах боллоо (гээд, бичиг гаргаж өгнө, тэгээд Содномд хандаж)

- Шинэ дарга чинь энэ! (гэж Дэлэгийг заана)

Содном (бялдуучлан)

- Мэдлээ, дарга минь, мэдлээ. Энэ, сайдын гарын үсэгтэй тушаал уу?

Дарга

- Тиймээ, сайдын тушаал!

Содном

- Намайг А... Э... И... намайг О... Ө... Ү... намайг...

Дарга

- Юу... намайг, намайг гэж? Дарга болохсон гээ юү?

(гээд Дэлэгт)

- Та албан хэргээ хүлээж авна уу!

Дэлэг (бичгийг уншин дуусч)

- Энийгээ аваачиж орхиод, тан дээр оръё!

Содном

- Шинэ дарга! Би одоо биеэ гамнахаа байлаа.

Дэлэг

- За яаж байгаа нь тэр вэ? Гамнах хэрэгтэй!

Содном

## 第15课　АРВАН ТАВДУГААР ХИЧЭЭЛ

- Үгүй, үгүй яасан ч гамнахгүй.

Дэлэг

- Дахиад ажил их хийхийн тул биеэ зөв гамнах нь зүй юм.

Содном (бялдуучилна)

- Дахиад ажил их хийхийн тулд гэнээ! Аа!

Дэлэг

- Тиймээ! Та биеэ гамнаж сурснаас биш, ажиллаж сураагүй байна.

Содном (бялдуучлан)

- За, мэдлээ, дарга аа!

Дэлэг (хайрцгийг өргөхөөр зэхэж)

- Би шинэ ажлаа авмагц, таныг ажилладаг болгож сургана. Харин та одоо "даргынхаа нүдэн дээр" яаж ажилладгаа үзүүлээрэй. Нэг, хоёр, гурваа. (хоёул хайрцгийг дээр өргөнө)

### 15.1.1 Шинэ үгс

| дамжлах | （动） | 抬起，担起 |
| түлхэх | （动） | 推 |
| ахиулах | （动） | 使前进 |
| бархирах | （动） | 喊，叫 |
| буулгах | （动） | 放下，使下降 |
| энүүхэн | （代·副） | 很近(的)，眼前(的) |
| зөөх | （动） | 搬运，运输 |
| донгосох | （动） | 闲聊，乱说 |
| гамнах | （动） | 节省，节约，爱惜 |
| жигтэй | （形） | 奇怪的 |
| ихэрхэх | （动） | 自高自大 |
| туршиx | （动） | 试验 |
| хэвээр | （副） | 照常，仍旧 |
| хөндийрүүлэх | （动） | 使变空，腾空 |
| контор | （名） | 事务所，办公室 |
| бялдуучлах | （动） | 谄媚 |

### 15.1.2 Тайлбар

1. -Ёо, ёо алдлаа! Алдлаа! Амаръя!
   ——哎呦，哎呦，要掉了，要掉了。休息吧！
   алдах在该句中意为"掉落"。

另外，алдах 还有"失去、丢失"之意。如：мөнгө алдах（丢钱），ёс алдах（失礼），нүүр алдах（丢脸），амь алдах（丧生），хөдөлмөрийн чадвар алдах（失去劳动能力）等。

2. -Горигүйнээ! Горигүйнээ! Алдлаа! Амаръя! —不行了！不行了！要掉了！休息吧！
горигүй，形容词，意为"不可能，无指望"。горигүйнээ 是 горигүй нь ээ 的缩写形式。

3. За чи...нэг их идэвхтэй амьтан болох гэж дэмий битгий донгос! Биеэ гамнах хэрэгтэй...行了，你……就别瞎叫唤了，要当大积极分子吗？爱惜自己的身体吧……

4. За, туршаад үзье! 好，试试看！

5. -Ёо, ёо давахгүй нь! Давахгүй нь! —哎呦，哎呦，不行！不行！
давах 在这里是"完成、克服"之意。再如：Та мэдээж нимгэн улгай гутлаар хахир хүйтэн өвлийг давахгүй нь тодорхой.（很明显，您当然不能穿着这么薄底的鞋度过干冷的冬天。）

6. -Дарга! Дарга-ий чүү, чүү —领导！领导，咿，呀，呀（用力气时发出的声音）。
чүү... чүү 多用于赶牲畜时命令牲畜前行或者站立起来。

7. -Хүүе! Аяар гэм аяар! —喂！小点声！
гэм 是 гэмээр 的简写形式，意为"要说"。Юу гэмээр ч юм бэ дээ?（要说什么好呢？）

8. -За яаж байгаа нь тэр вэ? —嗯，干嘛呀那是？
яаж байгаа нь тэр вэ? 相当于 Тэр нь яаж байгаа юм бэ? 意为"那是干嘛呀？"将 яаж байгаа нь 放在句首，加强反问语气。

##  15.2 Унших сэдэв

### ЁСТЫН ЁСЧ ГЭДЭГ НЬ

Өглөө 8 цаг нилээд өнгөрсөн үе байлаа. Гудамжинд ягаан пальтотой, саарал каракуль малгай дээгүүрээ эрээн алчуур боож хойш нь унжуулсан нэг эмэгтэй хүн явж байв. Тэр эмэгтэй хүн зүүн гартаа савтай сүүг барьж бас тэр талын сугандаа цаасанд боодолтой юм хавчуулж баруун гараар хоёр настай хүүг өргөжээ. Энэ хүүхнийг Пагма гэдэг ажээ.

Энэ үед энд явж байсан нэгэн ажилтан бололтой хүн Пагмыг анхаарч түүний савтай сүүг авч нилээд дөхүүлж өгөөд зам салж нөгөө тийш эргэж явахдаа сүүгий нь Пагмад гардуулан өгч ээлдгээр найр тавин ёслов.

-Их баярлалаа гэж Пагма савтай сүүгээ аваад бүр гялайлаа гэж тэр ажилтанд дахин талархлаа илэрхийлэв. Энэ ажилтныг Ёст гэж нэрлэдэг юм байжээ. Ёст үнэхээр ёс журам боловсон заншлыг сайн мэддэг хүн байжээ.

Ёст албан тасалгаандаа ирж нөхөдтэйгөө ээлдгээр мэхэлзэн мэндэлж, гар барилцаад

## 第15课 АРВАН ТАВДУГААР ХИЧЭЭЛ

албан хэргээ үүсгэн явуулав.

Хаалга тогшиж зөвшөөрөл аваад хар пальтотой, ногоон шляптай албанцар байрын нэг хүн орж ирж бүгдэд мэндлээд:

-Эндэхийн нягтлан бодогчтой уулзахаар ирлээ гэв.

-Эндэхийн ня-бо би байна. За, та ямар хэргээр ирэв? Та морилон суух ажаамуу! гэж Ёст найр тавин сандал заав.

Тэр ажилтан:

-Би танай ажилтан Цэндийн жирэмсний амралтын мөнгийг авах ... гэтэл нь,

Ёст:

-Зүйтэй... юун сайн юм! Сайн хүн санаагаар гэгчээр. Та Цэндийн нөхөр үү? гэж асуув.

-Тийм ээ! Би Цэндийн нөхөр гээд тэр хүн мөнгө авах баримт бичгийг гаргахад Ёст, шаламгайлан тосож аваад яаран цохов.

※　※　※

Нэг өндөр настны цагаан сахалтай, толгой хаалгаар цухуйж

-Хүүхээ орж болох уу? гэв..

-За, за гэж Ёст, уцаарлангүй хэлэв.

Өвгөн орж ирээд мэнд мэдэж,

-Нягтлан бодогч хаана суудаг юм бэ? Хүүхээ! гэв. Ёст дуугүй юм бичиж суув.

-Хүүхээ нягтлан бодогч байна уу гээд өвгөн гараа чихэндээ барьж хариу хүлээв. Чимээ ч гарсангүй. Ханын том цагийн чаг-чаг гэхээс өөр юм сонссонгүй. Ёст бичгээ бичсээр л өвгөнийг анхаарах ч үгүй, өвгөн, хэд алхаж Ёстод ойртоод

-Хүүхээ! Өвгөн гуай нь чих хатуу юм даа. Эндэхийн нягтлан бодогч байгаа бол уу? гэж гуйсан, аргадсан байдлаар асуув. Ёст, бичихээ түр зогсон, алгууравр тэргүүнээ өргөж, өвгөнийг таашаахгүй хүйтнээр хараад,

-Чи нягтлангаар яах нь вэ гэв.

-Хүүхээ! Би нягтлантай уулзах хэрэгтэй юм...

-Харин тэгээд нягтлангаар яах нь вэ гэж би, чамаас асууж байна шүү! гэж Ёст чангаар хэлэв. Өвгөн бүр сандарч,

-Үгүй хүү минь би энд хэдэн цоож хийж өгсөн юм. Тэгээд түүнийхээ мөнгийг авах гэж ирсэн юм гэв.

-Аль тэгээд өргөдөл чинь гэж Ёст, ёс муухантай зандрав. Өвгөн тэвдэж, өврөө уудлаад бичгийг гаргаж өгөв. Ёст бичгийг үзээд,

-Энэ чинь биш байна гэж буцааж өгөв. Өвгөн өврөө дахин уудалж бас нэг бичгийг гаргаж өгөв.

-Та ер нь бага шиг тоглоом хийгээрэй! Энэ чинь чиний биеийн эрүүл мэндийн тухай эмчийн акт байна гэж Ёст бичгийг өвгөн рүү шидэж, босон харайгаад хувцасны өлгүүр тийш очив.

-Хүү минь өвгөн гуай нь нүд муу юм даа. Энэ бичгүүдээс мөнгө авах баримтыг минь олоод үз, хүү минь гээд өвгөн, өврөөсөө олон бичиг гаргав.

Ёст дуугарсан ч үгүй, хувцаслаад тар түр гишгэсээр гарч одов.

(Л.Бадарчийн зохиолоос товчлов.)

### 15.2.1 Шинэ үгс

| | | | |
|---|---|---|---|
| ёст | （形）多礼的,有规矩的,善讲礼貌的 | эндэх | （形）这里的,当地的 |
| | | нягтлан бодогч (ня-бо) | （名）会计 |
| саарал | （形）灰白色的 | жирэмсэн | （形）怀孕的 |
| каракуль | （名）黑卷毛羊羔皮 | шаламгайлах | （动）变迅速,变麻利 |
| суга(н) | （名）腋下 | уцаарлангуй | （形）烦躁的 |
| боодол | （名）包,捆,束,扎 | аргадах | （动）劝说,迁就 |
| дөхүүлэх | （动）使靠近,使接近 | алгуур | （形）缓慢的 |
| гардуулах | （动）交付 | таашаах | （动）赏识,看重 |
| ээлдэг | （形）温和的,和气的 | цоож(н) | （名）锁 |
| ёслох | （动）行礼 | өргөдөл | （名）申请书 |
| ёс журам | （词组）法则,制度,程序 | зандрах | （动）呵斥,责骂 |
| боловсон | （形）有教养的,有文化的 | акт | （名）证书,文书 |
| мэхэлзэх | （动）点头哈腰 | харайх | （动）跳越 |
| албанцар | （名）官方样式的,公家模样的 | гишгэх | （动）踩,踏 |

### 15.2.2 Тайлбар

1. Ёст албан тасалгаандаа ирж нөхөдтэйгөө ээлдгээр мэхэлзэн мэндэлж, гар барилцаад албан хэргээ үүсгэн явуулав. 礼貌先生来到办公室,友好地和同事们频频打招呼,握过手后就处理各项工作。

   后缀"-лз"加在动词的词根或词干上可以表示"动作多次重复进行",有的教科书也把这样的后缀叫做"动词多次体后缀"。мэхийх意为"点头致意",那么"мэхэлзэх"就表示"频频点头致意"。

2. Хаалга тогшиж зөвшөөрөл аваад хар пальтотой, ногоон шляптай албанцар байрын нэг хүн орж ирж бүгдэд мэндлээд. 敲门获得允许后,一位穿着黑色呢子大衣、头戴绿色礼帽的、官员模样的人走进来向大家问好。

   албанцар的构成形式为алба+нцар。

   后缀"-нцар""-нцэр""-нцор""-нцөр"加在名词上,可以表示跟原有名词形态、特征接近的名词。再如:шил→шилэнцэр(玻璃制品),хув→хуванцар(塑料)。

3. Та морилон сууж ажаамуу. 敬语,意为"您请坐"。
   "ажаамуу"是古蒙文书面语用词,表示祈望之意。其前多为将来时形动词。如:
   ...д цаг тухайд нь хариу өгөөгүйг минь өршөөх ажаамуу.对……未能及时回复,敬请谅解。
4. "Хүүхээ, орж болох уу?""孩子,可以进来吗?"
   "хүүхээ"是老年人对年轻人的昵称。

## 15.3 Дасгал

**Дасгал 1** Бичлэг сонсож "Харилцан яриа" –г унш. Амаар орчуулаад дадамгай эзэмшээрэй.

**Дасгал 2** Бичлэг сонсож "Унших сэдэв"–ийг дахин дахин унш.

**Дасгал 3** "Унших сэдэв"–ийг хятадаар орчуул.

**Дасгал 4** Бичлэг сонсож өгүүлбэр бичээд хятадаар орчуул.

**Дасгал 5** Өгүүлбэр зохио.

1. яаж байгаа нь тэр вэ
2. юу гэсэн үг вэ
3. алдах
4. гэм
5. мэхэлзэн мэндлэх
6. эелдэг
7. гар барих
8. үүсгэх

**Дасгал 6** Монголоор орчуул.

1. 小点声,这是秘密,别让人听到!
2. 这么小的孩子,怎么能抬得动这么重的东西呢?
3. 同学们,你们试试看,也许你们能想出更好的解决办法。
4. 道尔吉虽然没有在事故中丧生,但是失去了劳动能力,只能靠救济金生活了。
5. 那个陌生人一进来,就向我们频频点头问好。
6. 我刚进饭店,一位衣着华丽的(хээнцэр)先生走过来问我是否需要帮忙。

7. 琪琪格是一个非常友善的人。不论见到谁,她总是频频点头问好。

8. 这座桥边新建大厦的形状接近椭圆形(зууванцар)。

**Дасгал 7** Монголоор зохион бич: "Монголын уран зохиол чамд ямар санагдав?"

**Дасгал 8** Дараахь нэмэлт бичвэрийг уншиж сайн ойлго.

### Гуанз идсэн нь

Л.Бадарч

Шинэ жилээр кофе гуанзанд очсон чинь хамаг цонх нь түгжээстэй, хаалга үүд нь цоожтой, ойрдоо ч онгойгоогүй, мөддөө ч онгойх шинжгүй байв. Урдуур нь тойроод, хашаанд нь орсон чинь бээрсэн манаач байшингаас гарч ирээд кофе ч байхгүй, хоол ч байхгүй, конторoос өөр юмгүй болсон, контор тэр дээ гэж нэг хаалга заав.

Тэнд орвол хадны хонгил шиг хүйтэн тасалгаанд харанхуй утаан дундаас, гурван хүний толгой торолзож үзэгдэв. Кофе гуанз хаашаа нүүчихсэн бэ? гэсэн чинь дарга нябо нар хуу "нүүгээд" бид гурав саяхан ирээд бээрч даарч сууна гэв.

Кофе гуанзны хана нь хазайж, нуруу нь хотойж, галд хийх мод ч үгүй, нүүрс ч үгүй, эд хогшил нь данс ч үгүй эвлэсэн хэдэн хүнд залгиулчихсан юм байжээ. Эвлэсэн хэд нь хуучин дарга Чи., нябо Чү., нярав Ша., кассчин Сү. нар юм гэнэ. Эдний дотроос нярав байсан Ша. гэгч хэдхэн сарын хугацаанд складаасаа 8000 төгрөгийн юм "залгисны" дотор ширээ сандал хүртэл оролцсон байлаа.

Нябо байсан Чү. нь гуанзны эд хогшлыг тодорхой дансгүй байлгаж, төмөр ор, ширээ сандал, шүүгээнээс аваад эсгий шалавчийг хүртэл элбэг "залгисан" байжээ.

Үлгэрт гардаг мангасын ангайх ам нь их ч, залгих хоолой нь нарийн гэдэгсэн. Тэхэд тэр "их залгидаг" хүнийг хахаж үхээ бол уу гэсэн нь хахаж үхэх байтугай харин "Туул" ресторaны нябо болон шилжээд, "миний юм ч улсын юм, улсын юм ч миний юм" гэж загнаж залгиж сорохын арга замыг сүвэгчилж байдаг гэнэ.

Чамин яриатай зарим хүний хэлдгээр "гуанз иднэ" гэдэг чинь л энэ байна шүү дээ.

Хоршоо холбоо этгээд, кофе гуанзыг ингэж сорчих шахаж байхад, хотын хүнсний трест яаж хянаж шалгаж байсан бол?

1. Дээрх өгүүллэгийн "Гуанз идсэн нь" гэдэг нэр ямар утгатай вэ?
2. Дээрх өгүүллэгийн доторхи "залгилах", "хахах", "сорох" зэрэг үгийг яаж ойлгох вэ?

**Шинэ үгс**

| түгжээстэй | (形) | 有锁的,上锁的 |
| бээрэх | (动) | 受冻,感到冷 |

## 第15课　АРВАН ТАВДУГААР ХИЧЭЭЛ

| хонгил | （名） | 山洞,走廊,隧道 |
| --- | --- | --- |
| утаа(н) | （名） | 烟,烟雾 |
| торолзох | （动） | 频频隐约显现 |
| хазайх | （动） | 倾斜 |
| хотойх | （动） | 陷下去,压弯 |
| эвлэх | （动） | 和好,和解 |
| залгиулах | （动） | 被吞咽 |
| нярав | （名） | 出纳员 |
| склад | （名） | 仓库,储藏室 |
| мангас | （名） | 妖怪,魔鬼 |
| сорох | （动） | 吸 |
| сүвэгчлэх | （动） | 想方设法 |
| трест | （名） | 托拉斯,公司 |

# 生词表

## ШИНЭ ҮГС

| 生词 | 释义 | 课 |
|---|---|---|
| **A** | | |
|ааш | (名)脾气,性情 | 14 |
| аашлах | (动)举止,表现,发脾气 | 12 |
| авaачих | (动)拿去,拿走 | 13 |
| аварга шалгаруулах тэмцээн | (词组)锦标赛 | 13 |
| авахуулах | (动)被取出,被拿 | 12 |
| авдарлах | (动)装箱,收集 | 11 |
| аврах | (动)救,解救,救助 | 9 |
| автах | (动)(авах的被动态)承受,遭受,受影响 | 8 |
| автомашин | (名)机动车,汽车 | 1 |
| агуулах | (动)储藏室 | 14 |
| адууны аж ахуй | (词组)养马业,养马场 | 12 |
| адуучин | (名)牧马人 | 11 |
| аж ахуйн комендант | (词组)总务主任 | 14 |
| ажиглах | (动)观察 | 11 |
| азгүй | (形)不幸的,不走运的,倒霉的 | 5 |
| айлчин | (名)客人,访问者 | 2 |
| айлчлах | (动)访问 | 11 |
| акт | (名)证书,文书 | 15 |
| алба(н) | (名)公务,差事 | 11 |
| албаар хийх | (词组)故意而为,有意为之 | 1 |

| | | |
|---|---|---|
| албалах | (动)服役 | 11 |
| албанцар | (名)官方样式的,公家模样的 | 15 |
| алгуур | (形)缓慢的 | 15 |
| алдартай | (形)著名的 | 1 |
| алдах | (动)丢失,失去 | 1 |
| алиа | (形)滑稽的,顽皮的 | 8 |
| алс | (形)远方,远的,遥远的,荒僻的 | 2 |
| алх | (名)锤子 | 9 |
| алхам | (名)步,步调,步伐 | 8 |
| алхах | (动)迈步,行走 | 12 |
| алхлах | (动)迈步 | 7 |
| аль болохоор | (词组)尽可能地,尽量 | 2 |
| аль хэдийнээ | (词组)早已 | 4 |
| амар айлтгах | (词组)问安,问好 | 14 |
| амаржих | (动)变得安宁,分娩 | 9 |
| амжилт | (名)成绩,成就 | 6 |
| амжуулах | (动)实现,完成 | 2 |
| амиа хорлолт | (词组)自杀 | 5 |
| амилах | (动)复活,恢复知觉 | 8 |
| амлалт | (名)诺言 | 6 |
| амлах | (动)许诺,答应 | 6 |
| амраах | (动)使安心,安慰,安抚 | 2 |
| амраглах | (动)爱恋,钟爱 | 11 |
| амсах | (动)尝 | 10 |
| амтлаг | (形)美味的,甜的 | 12 |
| амттан | (名)糕点,甜食 | 1 |
| амь үрэгдэх | (词组)牺牲,殉难 | 13 |

| | | |
|---|---|---|
| амьсгаа | (名)呼吸 | 11 |
| андуурах | (动)弄错,误会 | 7 |
| анкет | (名)履历表 | 14 |
| арга барах | (词组)无计可施,束手无策 | 13 |
| арга зам | (词组)方法,途径 | 6 |
| арга хэмжээ | (词组)措施 | 6 |
| аргадах | (动)劝说,迁就 | 15 |
| арзайх | (动)变得不光滑,变粗糙 | 6 |
| архидалт | (名)酗酒,喝酒 | 14 |
| арьс өнгөөр ялгаварлах үзэл | (词组)种族歧视主义 | 8 |
| асаргаа(н) | (名)照料 | 12 |
| асгах | (动)撒,泼,倒 | 10 |
| асрагч | (名)护士,保姆,照料者 | 8 |
| асрах | (动)照顾,关爱,爱护 | 13 |
| атаархах | (动)嫉妒,羡慕,吃醋 | 8 |
| атга | (形)一把 | 5 |
| атгаг | (形)险恶的,恶意的 | 8 |
| атлетик | (名)竞技,运动 | 13 |
| атугай | (连)(同байтугай)不仅……而且……,不管…… | 8 |
| аугаа | (形)伟大的,宏大的 | 3 |
| ахиулах | (动)使前进 | 15 |
| ахмад | (形)年长的 | 1 |
| ачаалах | (动)装载,装货 | 14 |
| ачих | (动)装载,装货 | 10 |
| ая | (名)音调,曲调,调子,韵律 | 11 |
| аяархан | (副·形)静静的,缓缓的 | 8 |
| аягүй | (形)不舒服的,不适宜的 | 14 |

| | | |
|---|---|---|
| аялгуу | (名)方言,曲调 | 6 |
| аялгуут | (形)有音调的,有韵律的 | 11 |
| аянчин | (名)旅客,商队队员 | 10 |

## Б

| | | |
|---|---|---|
| баахан | (形·副)相当不少的,片刻 | 12 |
| баганадах | (动)用柱子支起 | 14 |
| бадраах | (动)使繁荣,使兴旺 | 3 |
| базах | (动)攥,紧握 | 10 |
| байзнах | (动)略等,稍等 | 12 |
| байнгын хороо | (词组)常委会 | 11 |
| Балжид | (人名)巴勒吉德 | 2 |
| бандан | (名)板凳 | 14 |
| бандгар | (形)胖乎乎的,肥大的 | 14 |
| банз(ан) | (名)板子,木板 | 11 |
| барагдах | (动)被穷尽,耗尽,结束 | 9 |
| бардам | (形)骄傲的,自负的 | 3 |
| баримтлах | (动)依照,遵循 | 8 |
| бархирах | (动)喊,叫 | 15 |
| бат бэх | (词组)稳固的,坚实的 | 3 |
| баталгаатай | (形)有保证的,有担保的 | 3 |
| батжих | (动)稳固,变强固 | 3 |
| батлуулах | (动)得到保证,得到证明 | 13 |
| бахархалтай | (形)自豪的,骄傲的 | 12 |
| бахь | (名)钳子 | 14 |
| бачимдуулах | (动)使焦急,使惊慌失措 | 7 |
| баяжих | (动)变得丰富,变得富有 | 2 |
| баярлуулах | (动)使高兴,使喜悦 | 4 |

| | | |
|---|---|---|
| баясгах | (动)使高兴,使愉快 | 11 |
| бие | (名)身体 | 7 |
| бие засах | (词组)上厕所,解手 | 10 |
| биелэгдэх | (动)被实现 | 12 |
| биелэх | (动)实现 | 8 |
| бизнес | (名)商业 | 14 |
| бирж | (名)交易所,市场 | 14 |
| битүүхэн | (形)较封闭的,较隐秘的 | 2 |
| бишрэх | (动)崇拜,信仰 | 10 |
| болгоомжлох | (动)小心 | 3 |
| боловсон | (形)有教养的,有文化的 | 15 |
| боловсон хүчин | (名)干部 | 10 |
| бололтой | (后)大概,也许 | 6 |
| боломж | (名)机会,可能性 | 9 |
| болц | (名)成熟度 | 5 |
| боодол | (名)包,捆,束,扎 | 15 |
| боол | (名)奴隶,奴仆 | 8 |
| боох | (动)包裹,捆 | 6 |
| ботго(н) | (名)驼羔 | 7 |
| боть | (名)册,卷 | 11 |
| бөгс(н) | (名)臀部,尾部 | 11 |
| бөгтийх | (动)弯腰 | 7 |
| бөмбөгөр | (形)圆鼓鼓的,球形的 | 10 |
| бөмбөрцөг | (名)球形,球体 | 10 |
| бөнжигнөх | (动)(球状物)滚动 | 8 |
| Бразил | (名)巴西 | 13 |
| бугуйвч | (名)手镯 | 6 |

| | | |
|---|---|---|
| будаг | (名)颜料,漆 | 14 |
| будан | (名)雾,云雾 | 10 |
| будрах | (动)(雪花)纷飞 | 8 |
| булаг | (名)泉 | 10 |
| булан | (名)角,角落 | 9 |
| булах | (动)埋,填,盖,掩盖,隐匿 | 10 |
| булингартуулах | (动)使变浑浊,使变晦暗 | 10 |
| бургаас(ан) | (名)柳树,柳条 | 11 |
| буудал | (名)旅馆,站 | 12 |
| буулгах | (动)放下,使下降 | 15 |
| буурал | (形)(头发)灰白色的 | 10 |
| буурь | (名)(蒙古包迁走后留下的)废址,遗址,宿处,住处 | 10 |
| буух | (动)下来,降落 | 10 |
| бушуухан | (副)赶快 | 10 |
| буян | (名)福分,福气 | 2 |
| бүдүүлэг | (形)粗野的,粗暴的,简陋的 | 8 |
| бүр ч | (词组)更加 | 12 |
| бүрий | (后)每一个,任一个 | 4 |
| бүртгүүлэх | (动)使注册,登记 | 14 |
| бүртгэх | (动)登记,注册 | 14 |
| бүрхүүл | (名)覆盖物 | 14 |
| бүрхэх | (动)覆盖 | 10 |
| бүрэг | (形)朦胧的,昏暗的;腼腆的,羞怯的,孤僻的 | 6 |
| бүс | (名)腰带,皮带,带子 | 10 |
| бүслүүр | (名)绳子,系绳,捆绳 | 10 |
| бүтэх | (动)完成 | 4 |
| бүтээгдэхүүн | (名)产品 | 3 |

| | | |
|---|---|---|
| бүтээх | (动)创作,完成 | 3 |
| бүүр | (副)更,再,甚,很,完全 | 7 |
| бэлдэх | (动)准备 | 3 |
| бэлэглэх | (动)赠送 | 6 |
| бэр | (名)儿媳妇 | 1 |
| бэхжих | (动)稳固,变坚固 | 3 |
| бэхлэх | (动)加固 | 11 |
| бээрэх | (动)受冻,感到冷 | 15 |
| бялдуучлах | (动)谄媚 | 15 |
| бялуу | (名)蛋糕 | 1 |
| валют | (名)货币,外币,外汇 | 14 |
| вандуй | (名)豌豆 | 12 |
| Вьетнам | (名)越南 | 5 |

## Г

| | | |
|---|---|---|
| гагнах | (动)焊接,紧密地连接 | 3 |
| гай | (名)灾难,灾祸 | 8 |
| гайхамшиг | (名·形)奇迹;惊人的,美妙的 | 6 |
| гайхах | (动)惊讶,惊奇 | 1 |
| гал зуухны өрөө | (词组)厨房 | 5 |
| гамнах | (动)节省,节约,爱惜 | 15 |
| ганцаардал | (名)孤立,孤独 | 7 |
| гардуулах | (动)交付,授予 | 15 |
| гашуудал | (名)悲痛,哀伤 | 13 |
| гашуудах | (动)悲伤,悲痛 | 11 |
| гишгэх | (动)踩,踏 | 15 |
| гоёдох | (动)显得过分妖艳,变得过于华丽 | 3 |
| гоёл | (名)装饰,打扮,化妆 | 8 |

| | | |
|---|---|---|
| гоёмсог | (形)漂亮的,修饰的 | 14 |
| гоёх | (动)装饰,打扮,布置,穿美丽的服装 | 8 |
| голлох | (动)为中心,为主 | 10 |
| гологдох | (动)被遗弃 | 14 |
| гомдол | (名)抱怨,怨恨 | 4 |
| гомдоох | (动)令人感到遗憾,使人埋怨 | 4 |
| горзгор | (形)细长的,瘦高的 | 14 |
| горьдох | (动)期望,希冀 | 2 |
| гоц | (副)绝,极,格外,特别 | 6 |
| гудам | (名)细长通道,走廊 | 14 |
| гуниг | (名)忧伤 | 7 |
| гүн ухаантан | (名)哲学家 | 6 |
| гүнж | (名)公主 | 11 |
| гэгэлзэх | (动)(心绪)不宁,忧伤 | 8 |
| гэмтэл | (名)损坏,故障 | 3 |
| гэмтэх | (动)损坏,受伤 | 11 |
| гэр буулгах | (词组)拆卸毡包 | 10 |
| гэр хороолол | (词组)蒙古包区 | 14 |
| Гэрэлмаа | (人名)格尔乐玛 | 4 |
| гэтлэх | (动)渡过 | 3 |
| гялайх | (动)感谢,闪耀,开心 | 12 |
| гялгар | (形)光亮的,亮闪闪的 | 4 |
| гялгар уут | (词组)塑料袋 | 4 |

## Д

| | | |
|---|---|---|
| даавуу(н) | (名)布 | 14 |
| даан ч | (副)太,过分 | 2 |
| даарах | (动)受冻,感到冷 | 7 |

| | | |
|---|---|---|
| даах | (动)承担,负责 | 6 |
| давирхай | (名)松香,松脂,树脂 | 11 |
| давтах | (动)锻造,拍打 | 12 |
| давтсан мах | (词组)肉饼 | 12 |
| давуулах | (动)使越过,使超过 | 11 |
| давхарлах | (动)使重叠,使成双层,使多层化 | 8 |
| дайлах | (动)招待 | 2 |
| дайн | (名)战争 | 5 |
| дайчин | (名·形)战士,善战的,尚武的 | 1 |
| далавч | (名)翅膀 | 11 |
| дамжлах | (动)抬起,担起 | 15 |
| данс(н) | (名)账户,账单 | 14 |
| дарамт | (名)负担,压力 | 5 |
| дарамттай | (形)有压力的 | 6 |
| дарлах | (动)压制,压迫,压挤 | 8 |
| даруй | (副)立刻,马上 | 9 |
| дархлах | (动)做手艺,从事手工劳动 | 11 |
| дасгалжуулагч | (名)教练 | 13 |
| дийлэнх олон | (词组)绝大多数 | 14 |
| довтлох | (动)进攻,侵犯 | 13 |
| догдлох | (动)激动,冲动 | 8 |
| доголон | (形)瘸的,跛的 | 1 |
| домог | (名)神话,传说 | 11 |
| донгосох | (动)闲聊,乱说 | 15 |
| доогуур | (副)在……下方 | 12 |
| дор | (副·形)下面,在下面;劣质的,坏些的,恶化的 | 2 |
| дотно | (形)亲切的,亲密的 | 11 |

| | | |
|---|---|---|
| дохих | (动)示意 | 1 |
| дөл | (名)火焰 | 3 |
| дөнгөх | (动)勉强做到 | 3 |
| дөр | (名)(穿牛、骆驼鼻子用的)环,圈,鼻环,办法,门道 | 1 |
| дөхүүлэх | (动)使靠近,使接近 | 15 |
| драп | (名)厚呢子 | 14 |
| дулаацуулах | (动)使温暖,烤热,晒热 | 8 |
| дулимаг | (形)缺乏的 | 3 |
| дундрах | (动)变得不满,剩下一半(指液体) | 3 |
| дурсгал | (名)纪念 | 11 |
| дусал | (名)一滴 | 10 |
| дутагдал | (名)缺陷,缺点 | 9 |
| дуурайлгах | (动)使模仿,做示范 | 10 |
| дүрслэх | (动)描写,刻画 | 13 |
| дүүрэн | (形)满的 | 4 |
| дэврүүн | (名)轻浮,任性,沸腾 | 8 |
| дэвсгэр | (名)褥子,铺毯,铺垫物 | 10 |
| дэвсгэрт | (名)钞票的面额 | 14 |
| дэвших | (动)前进,进步,扩展,上升 | 9 |
| дэгжин | (形)时髦的 | 14 |
| дэд | (形)第二的,副的,次的 | 11 |
| дэл | (名)(马)鬃毛 | 11 |
| дэлгэх | (动)铺开,打开 | 10 |
| дэмжих | (动)支持,帮助 | 1 |
| дэмий | (形)荒唐的,无用的 | 6 |
| дэндүү | (副)过分,太,甚 | 3 |

| | | |
|---|---|---|
| дэр | (名)枕头 | 10 |
| дээвэр | (名)房顶 | 10 |
| дээгүүр | (副)在高处,在上方 | 10 |
| дээж | (名)精华,样本 | 2 |
| дээрэлхэх | (动)倨傲,自高自大,盛气凌人 | 14 |

## Е

| | | |
|---|---|---|
| ердөө | (副)素来,向来,总是,仅仅,只有。 | 1 |
| ерөнхийлөгч | (名)总统 | 9 |

## Ё

| | | |
|---|---|---|
| ёолох | (动)哎呦,呻吟 | 2 |
| ёроол | (名)底,底部 | 11 |
| ёс журам | (词组)法则,制度,程序 | 15 |
| ёс суртахуун | (词组)道德 | 3 |
| ёслох | (动)行礼 | 15 |
| ёст | (形)多礼的,有规矩的,善讲礼貌的 | 15 |
| ёстой | (后·副)应当,理应 | 8 |

## Ж

| | | |
|---|---|---|
| жараахай | (名)小鱼,鱼苗 | 10 |
| жаргах | (动)享福,享乐 | 6 |
| жигдрэх | (动)变整齐,就绪,具备,完成 | 3 |
| жигтэй | (形)奇怪的 | 15 |
| жижгэвтэр | (形)较小的 | 12 |
| жин | (名)重量 | 2 |
| жин тээх | (词组)长途运输,拉脚 | 2 |
| жинчин | (名)脚夫,(旧时)商队成员 | 2 |
| жиргэх | (动)(鸟)啼叫 | 8 |
| жирэмсэн | (形)怀孕的 | 15 |

| | | |
|---|---|---|
| Жонс Хопкинсын их сургууль | （词组）约翰霍普金斯大学 | 13 |
| жуумалзах | （动）抿着嘴嬉笑 | 14 |

# 3

| | | |
|---|---|---|
| заам | （名）衣领口 | 12 |
| зай | （名）空,空地,距离 | 14 |
| зайлах | （动）躲避,逃避 | 10 |
| залах | （动）驾驶,操纵,邀请 | 10 |
| залгиулах | （动）被吞咽 | 15 |
| залхах | （动）责备,厌倦 | 4 |
| залхуу | （形）懒散的,怠惰的 | 8 |
| зангирах | （动）打结,噎住 | 9 |
| зандрах | （动）呵斥,责骂 | 15 |
| зар | （名）通知,布告,消息 | 10 |
| зарах | （动）耗费,消费,花费 | 9 |
| засварчин | （名）修理工 | 3 |
| зах(н) | （名）边缘,边界,边境；(衣服的)领口 | 8 |
| заяах | （动）具有……天赋,注定,天定 | 3 |
| зовлонтой | （形）痛苦的,折磨人的 | 6 |
| золгох | （动）拜访 | 14 |
| золиг | （名）恶棍,无赖,罪人 | 2 |
| зориглох | （动）鼓起勇气,力图 | 5 |
| зорих | （动）力求,努力,趋向,奔向 | 2 |
| зохиох | （动）编,编写 | 6 |
| зочлох | （动）做客,串门,访问 | 7 |
| зөвлөх | （动）商量,商议 | 9 |
| зөндөө | （形）很多,非常多 | 8 |
| зөнөг | （形）老而糊涂的,昏头昏脑的 | 2 |

| | | |
|---|---|---|
| зөнөх | (动)老朽,老糊涂 | 13 |
| зөөлөвч | (名)缓冲器,软垫 | 14 |
| зөөлрөх | (动)变软 | 5 |
| зөөх | (动)搬运,运输 | 15 |
| зөрүүд | (形)固执的,执拗的 | 13 |
| зугаатай | (形)快乐的,消遣的 | 3 |
| зугтаах | (动)逃跑 | 12 |
| зугтах | (动)逃跑 | 10 |
| зуд | (名)天灾 | 14 |
| зул сар | (词组)旧历十月 | 8 |
| зусах | (动)过夏天 | 6 |
| зуур | (名)瞬间,间隙 | 1 |
| зууш | (名)小菜,冷盘 | 12 |
| зүглэх | (动)向着,朝着 | 7 |
| зүтгэх | (动)努力,发奋 | 3 |
| зүүдлэх | (动)做梦 | 7 |
| зүүх | (动)佩戴 | 1 |
| зэлүүд | (形)荒无人烟的,偏僻的 | 8 |
| зэрлэг | (形)野生的 | 13 |

## И

| | | |
|---|---|---|
| ивээх | (动)庇佑,保佑 | 1 |
| ижил | (形)一模一样的 | 5 |
| ижилсүүлэх | (动)使同化 | 11 |
| ийнхүү | (代)这样,如此,这般 | 2 |
| илэрхийлэх | (动)表达 | 9 |
| инээмсэглэх | (动)微笑 | 4 |
| исгэрэх | (动)吹口哨;(风)呼啸 | 8 |

| | | |
|---|---|---|
| Испани | (名)西班牙 | 1 |
| их эмч | (名)医师 | 6 |
| ихэд | (副)非常,十分 | 1 |
| ихэр | (名)双胞胎 | 1 |
| ихэрхэх | (动)自高自大 | 15 |
| ичих | (动)害羞 | 12 |
| ишлэх | (动)做柄,安把手 | 14 |

## К

| | | |
|---|---|---|
| каракуль | (名)黑卷毛羊羔皮 | 15 |
| карьер | (名)事业,前程 | 12 |
| касс(ан) | (名)收款处,结账处 | 12 |
| Келли | (名)克里 | 13 |
| кило | (量)公斤 | 14 |
| контор | (名)事务所,办公室 | 15 |

## Л

| | | |
|---|---|---|
| лааз | (名)铁罐,罐头 | 14 |
| лавлах | (名)问讯处 | 14 |
| лимбэ | (名)笛子 | 6 |
| лицей | (名)旧俄时代贵族学校,(法)中等学校 | 13 |
| лууван | (名)萝卜 | 5 |

## М

| | | |
|---|---|---|
| магадлал | (名)可能性,几率 | 13 |
| малтах | (动)挖掘,开采 | 10 |
| манан | (名)雾 | 10 |
| мангас | (名)妖怪,魔鬼 | 15 |
| матар | (名)鳄鱼 | 5 |
| мацах | (动)攀登 | 2 |

| | | |
|---|---|---|
| маяглах | (动)模仿,做样子 | 10 |
| медаль | (名)奖章 | 1 |
| молор | (名)水晶,晶体,黄玉 | 11 |
| мордох | (动)出发,启程 | 11 |
| мөлжих | (动)剥削 | 8 |
| мөнөөх | (代·形)就是那个,此刻的,刚才的 | 8 |
| мөнхлөх | (动)使长存,使永恒 | 11 |
| мөөг | (名)蘑菇 | 3 |
| мөр | (名)足迹 | 2 |
| мужаан | (名)木匠 | 14 |
| мундах | (动)不够,不足,缺少 | 4 |
| муудалцах | (动)(муудах的共动态)争吵,彼此不和 | 9 |
| муусайн | (形)不大好的,不怎么样的 | 14 |
| мухлаг | (售货)小亭子,小铺子 | 1 |
| мушгирах | (动)旋入,拧入,搅进 | 10 |
| мэдрэх | (动)感觉到 | 2 |
| мэдэмхийрэх | (动)显示见多识广,自夸 | 12 |
| мэдээж | (形)众所周知的,显而易见的 | 4 |
| мэдээлэл | (名)信息,消息 | 6 |
| мэлтэгнүүлэх | (动)(使液体、泪水)充满,充溢,涌出 | 7 |
| мэндлэх | (动)问候,问好 | 1 |
| мэргэжилтэн | (名)专家,专业人员 | 14 |
| мэхэлзэх | (动)点头哈腰 | 15 |
| мэхэсхийх | (动)鞠躬 | 14 |
| мяраан | (形)花色的 | 14 |

# H

| | | |
|---|---|---|
| наашлуулах | (动)使接近 | 10 |

| | | | |
|---|---|---|---|
| найдвар | (名)希望,信心 | | 14 |
| наймаачин | (名)买卖人,生意人 | | 3 |
| найрсаг | (形)友好的,和睦的 | | 9 |
| найртай | (形)友好的,和睦的 | | 6 |
| налайх | (动)显得安适祥和 | | 8 |
| налуу | (形)斜的 | | 2 |
| Намхай | (人名)那姆海 | | 2 |
| нандигнах | (动)珍视,珍惜,珍爱 | | 11 |
| наргиан | (形)嬉戏,喧闹 | | 14 |
| нарлаг | (形)阳光明媚的 | | 3 |
| настайвтар | (形)年龄较大的,较年长的 | | 1 |
| Нийгмийн халамжийн төв | (词组)社会福利中心 | | 14 |
| нийт | (副·代)一共,全部,总计,公众,集体,大家 | | 9 |
| нийцэх | (动)契合于,符合于 | | 12 |
| нимгэлэх | (动)使变薄 | | 8 |
| нислэг | (名)航班 | | 14 |
| новш | (名)垃圾 | | 14 |
| ноёлох | (动)统治,控制 | | 8 |
| ноёнтон | (名)先生,老爷,阁下 | | 9 |
| ноос(н) | (名)畜毛 | | 3 |
| норох | (动)变湿,淋湿 | | 10 |
| нот | (名)音符,乐谱 | | 6 |
| ноцолдох | (动)缠斗,纠缠 | | 3 |
| нөлөөлөх | (动)影响 | | 6 |
| нөхөрлөл | (名)友好关系,友谊 | | 3 |
| нулимс(н) | (名)眼泪 | | 7 |
| нурам(н) | (名)热灰,灰烬 | | 10 |

| | | |
|---|---|---|
| нуруу(н) | (名)脊背,山脊 | 10 |
| нутаг усныхан | (词组)家乡人,乡亲 | 2 |
| нүгэлт | (形)有罪过的 | 8 |
| нүүдэлчин | (名)游牧民 | 12 |
| нүхлэх | (动)挖洞,凿孔,穿孔 | 10 |
| нүцгэн | (形)赤裸的 | 14 |
| нэгдсэн эмнэлэг | (词组)联合医院,综合医院 | 9 |
| нэр дэвшигч | (词组)提名人,候选人 | 9 |
| нэрлэх | (动)命名 | 2 |
| нээлгэх | (动)使打开,开立 | 14 |
| нягтлан бодогч (ня-бо) | (名)会计 | 15 |
| нялх | (形)年幼的,幼小的,娇弱的 | 1 |
| нярав | (名)出纳员 | 15 |

## O

| | | |
|---|---|---|
| овоо | (形)相当……的,挺……的 | 7 |
| огт | (副)完全,根本 | 2 |
| огтлох | (动)切断,隔开 | 11 |
| одон | (名)勋章 | 1 |
| ойчих | (动)摔倒 | 11 |
| олзлогдох | (动)被俘虏 | 13 |
| олонхи | (形)大多数的 | 11 |
| ондоо | (形)不同的,有区别的,其他的,别的 | 10 |
| оосор | (名)绳子,拉绳 | 10 |
| оргох | (动)逃,躲开 | 10 |
| орилуулах | (动)使高声喊叫,使尖叫 | 6 |
| орхих | (动)丢下 | 6 |
| орчлон | (名)世界,宇宙,寰宇 | 7 |

| | | |
|---|---|---|
| осол | (名)事故 | 1 |
| осолдох | (动)遭遇事故 | 7 |

## Ө

| | | |
|---|---|---|
| өвөр | (名)怀,怀里,胸兜,(山的)阳面 | 10 |
| өвөрлөх | (动)放在怀里,怀着 | 7 |
| өвчин | (名)疾病 | 8 |
| өвчих | (动)剥皮 | 11 |
| өдий | (代)这样,这么 | 1 |
| өдөржин | (副)整天 | 7 |
| өл залгах | (词组)解饿,充饥 | 13 |
| өлгөх | (动)悬挂 | 10 |
| өлзийтэй | (形)有福气的 | 9 |
| өлийх | (动)仰头 | 14 |
| өө сэвгүй | (形)光洁的,无暇的 | 10 |
| өөд | (副)向上 | 2 |
| өөд болох | (词组)逝世,升天 | 6 |
| өөдрөг | (形)上升,好转 | 8 |
| өөрийн эрхгүй | (词组)不由自主地 | 2 |
| өргөдөл | (名)申请书 | 15 |
| өргөст хэмх | (名)黄瓜 | 12 |
| өрөвдөх | (动)心疼,同情 | 1 |
| өрөөсөн | (形)单个的,单一的(一对之一) | 7 |
| өрөх | (动)布置、配置、陈列、摆放 | 8 |
| өртөх | (动)承受,遭受,被打中 | 5 |
| өшиглөх | (动)踢 | 14 |

## П

| | | |
|---|---|---|
| пальто | (名)大衣 | 14 |

| | | |
|---|---|---|
| парламент | (名)议会,国会 | 11 |
| паспорт | (名)护照 | 14 |
| пиво | (名)啤酒 | 13 |
| пижигнэх | (动)发出沉重震颤的声响 | 14 |
| программ | (名)程序,纲领,节目,节目单 | 12 |

## C

| | | |
|---|---|---|
| саарал | (形)灰白色的 | 15 |
| саатах | (动)阻止,滞留 | 8 |
| саахалт | (名)(游牧民的)邻居,近邻 | 10 |
| савах | (动)摔倒 | 14 |
| сайд | (名)部长,大臣 | 9 |
| сайр | (名)砾石,碎石 | 10 |
| сайтар | (副)好好地,很好地 | 10 |
| сайшаах | (动)赞扬,夸奖 | 11 |
| Сан Франциско | (名)旧金山(圣弗兰西斯科) | 5 |
| санаатан | (名)有意……的人,有……想法的人 | 8 |
| санаашрах | (动)担心,担忧 | 2 |
| сандрах | (动)慌张,慌乱 | 4 |
| сапп | (名)帽子 | 14 |
| сараачих | (动)乱图画,乱写 | 12 |
| сарниулах | (动)使四散,打散,驱散 | 10 |
| сахиул | (名)守护者,护理人 | 8 |
| сацуу | (形·副)(同чацуу)等量的,相等的 | 7 |
| сийлэх | (动)雕刻 | 11 |
| склад | (名)仓库,储藏室 | 15 |
| сонголт | (名)选择 | 12 |
| сонгууль | (名)选举 | 9 |

| сониуч | (形)好奇的 | 7 |
| сорох | (动)吸 | 15 |
| сөхөө | (名)同 сөгөө, 精力, 能力 | 9 |
| Статистикийн хороо | (词组)统计局 | 14 |
| стратеги | (名)战略 | 6 |
| суга(н) | (名)腋下 | 15 |
| сугалах | (动)抽出, 拔出 | 4 |
| судар | (名)书册, 经卷 | 11 |
| сулрах | (动)空, 空闲, 空出 | 8 |
| сураг | (名)消息 | 2 |
| сурвалж бичиг | (词组)原始资料, 最初文献 | 11 |
| сурталчилгаа | (名)宣传 | 9 |
| суурь | (名)基础, 底座 | 14 |
| суут | (形)英明的, 突出的, 杰出的 | 6 |
| сүвэгчлэх | (动)想方设法 | 15 |
| сүйд майд болох | (词组)显得很热闹、很兴奋的样子 | 14 |
| сүлжилдэх | (动)(сүлжих的互动态)穿梭, 错综复杂 | 8 |
| сүрлэг | (形)雄壮的, 威严的, 壮丽的 | 8 |
| сүүдрэвч | (名)遮阳棚 | 3 |
| сүүлдээ | (副)后来 | 2 |
| сэгсийх | (动)(毛发)蓬乱, 散乱 | 6 |
| сэжигтэй | (形)有疑问的 | 4 |
| сэлүүр | (名)鳍, 船桨, 橹 | 10 |
| сэргэлэн цовоо | (词组)活泼伶俐的 | 6 |
| сэргэх | (动)振作, 振奋, 焕发 | 6 |

## T

| таалагдах | (动)被喜欢, 受重视, 称心意 | 6 |

| | | |
|---|---|---|
| тааралдах | (动)遇到,遇见 | 4 |
| таах | (动)猜测 | 13 |
| таашаах | (动)赏识,看重 | 15 |
| тавих | (动)搁置,安放 | 6 |
| таг чиг | (词组)无声无息 | 1 |
| тайван гэгч нь | (词组)沉稳地,泰然地 | 7 |
| тайлуулах | (动)让解开,让脱下 | 2 |
| тайрдас | (名)截短的木头 | 8 |
| тактик | (名)战术,策略 | 6 |
| талархал | (名)感谢,谢意 | 9 |
| талхчин | (名)面包师 | 1 |
| тамтаг | (形)被弄乱的,弄糟的 | 14 |
| тамшаалах | (动)摆架子,做出傲慢的状态 | 14 |
| тантун | (名)痰桶,痰盂 | 14 |
| тарах | (动)散开,分散,四散 | 8 |
| тасалгаа(н) | (名)房间 | 14 |
| тасрах | (动)脱离,离开,断开 | 2 |
| татах | (动)切,剁,弄碎 | 12 |
| татсан мах | (词组)肉馅 | 12 |
| тахир | (形)残疾的,弯曲的 | 5 |
| тахир дутуу | (词组)残疾的 | 13 |
| тачигнах | (动)发出清脆的声响 | 14 |
| ташаа(н) | (名)胯,腰部 | 14 |
| температур | (名)温度 | 11 |
| товчлох | (动)缩短 | 11 |
| тогоо | (名)锅 | 10 |
| тогтнох | (动)确立,稳定下来 | 3 |

| | | |
|---|---|---|
| тогших | (动)敲 | 13 |
| тодорхойлолт | (名)证明书,说明书,鉴定 | 14 |
| тодотголтой | (形)明确的,确定的 | 4 |
| тодруулах | (动)弄清楚,使显明 | 11 |
| томилох | (动)任命 | 9 |
| томох | (动)捻,搓 | 10 |
| тоолох | (动)点数,计算 | 8 |
| тооно | (名)(蒙古包的)天窗 | 10 |
| тоосго(н) | (名)砖 | 8 |
| тооцоо(н) | (名)核算,结账 | 12 |
| тоочих | (动)列举,叙述 | 6 |
| тор(н) | (名)袋子,网 | 1 |
| торолзох | (动)频频隐约显现 | 15 |
| тослох | (动)涂油,上油 | 11 |
| тохижих | (动)变得完善,变得舒适 | 9 |
| тохилог | (形)舒适的 | 12 |
| тохиолдол | (名)遭遇,事故 | 5 |
| тохиолдох | (动)遇见,碰见 | 6 |
| төвөргөөн | (名)(马的)奔驰声,马蹄声 | 11 |
| төвөг | (名)麻烦,累赘 | 5 |
| төвөгшөөх | (动)感到受累,感到麻烦 | 7 |
| төгс | (形)完美的,完善的 | 3 |
| төгсөлтийн баяр | (词组)毕业典礼 | 12 |
| төлөөлөх | (动)代表 | 6 |
| төө | (名)一拃 | 14 |
| төрөлх | (形)天生的,先天的,本地的,本国的 | 3 |
| төрт ёс | (词组)政权制度,国家法制 | 11 |

| | | |
|---|---|---|
| төсөөлөх | (动)设想,预想 | 3 |
| трест | (名)托拉斯,公司 | 15 |
| тул | (后)由于,故 | 1 |
| тулах | (动)支撑 | 14 |
| тулгарах | (动)突然遇见,面临,邂逅 | 5 |
| туршилт | (名)实验,试验 | 4 |
| туршиx | (动)试验 | 15 |
| туршлага | (名)经验,试验 | 13 |
| тус | (名)利益,好处,补益 | 7 |
| тусам | (后)越……越…… | 2 |
| тусах | (动)投射;反映 | 6 |
| тууз(ан) | (名)彩带,绦子 | 6 |
| туулай | (名)兔子 | 10 |
| туулах | (动)度过 | 5 |
| туурвих | (动)写作,完成 | 3 |
| туурга | (名)(蒙古包的)毡壁 | 10 |
| туух | (动)驱赶 | 12 |
| тушаал | (名)命令,法令 | 9 |
| түгжээстэй | (形)有锁的,上锁的 | 15 |
| түймэр | (名)火灾 | 10 |
| түлхэх | (动)推 | 15 |
| түлш | (名)木柴 | 10 |
| түлэгдэх | (动)被烤,被烧,被烫 | 1 |
| түлээ(н) | (名)木柴 | 8 |
| түүх | (动)拾,捡 | 2 |
| түүхий | (形)生的 | 1 |
| түшилдэх | (动)(түшиx的互动态)互相依靠,互相支撑 | 10 |

| | | |
|---|---|---|
| тэвчих | (动)忍受,戒除,摒弃 | 7 |
| тэвчээр | (名)忍耐,耐力 | 9 |
| тэвчээртэй | (形)有耐性的,能忍耐的,能克制的 | 2 |
| тэг | (数)零 | 12 |
| тэгэх | (动)那样做 | 7 |
| тэмтрэх | (动)摸索 | 13 |
| тэр бүр ... биш | (词组)并非都…… | 13 |
| тэртээ | (副)那边,彼处 | 11 |
| тэсгэх | (动)忍受 | 8 |
| тэсрэх | (动)爆炸,爆破 | 5 |
| тэсрэх бөмбөг | (词组)炸弹 | 5 |
| тэсэх | (动)忍受 | 2 |
| тэтгэвэр | (名)津贴,补助 | 10 |
| тэтгэх | (动)资助,维持 | 1 |
| тэшүүрээр гулгах | (词组)滑冰 | 13 |
| тээх | (动)运,运输 | 2 |
| тээш | (名)行李,货物 | 12 |

## У

| | | |
|---|---|---|
| удаах | (动)耽搁,拖欠 | 3 |
| удаашрах | (动)延缓,变慢 | 8 |
| удирдлага | (名)领导 | 9 |
| уйгагүй | (形)不知疲倦的 | 6 |
| уйлах | (动)哭泣 | 2 |
| улавч | (名)鞋垫 | 10 |
| улайрах | (动)渴求,眼红 | 8 |
| улам бүр | (词组)更加,日益 | 6 |
| улмаар | (副)更,愈加 | 8 |

| | | |
|---|---|---|
| улмаас | (后)由于,因……之缘故 | 8 |
| умбах | (动)游泳,潜水 | 3 |
| унгалдах | (动)马嘶叫,鸣叫 | 11 |
| ундлах | (动)喝 | 12 |
| ундууцах | (动)气愤,愤然 | 12 |
| унжуулах | (动)使垂下 | 11 |
| унь | (名)(蒙古包的)椽子 | 10 |
| уралцах | (词组)(ypax的共动态)争抢,撕扯 | 10 |
| уригдах | (动)被邀请 | 1 |
| урилга | (名)邀请,请柬 | 7 |
| урлах | (名)精巧地加工、制作,进行艺术创作 | 10 |
| урсах | (动)(水)流动 | 10 |
| уруу | (副)向下 | 2 |
| утаа(н) | (名)烟,烟雾 | 15 |
| утасдах | (动)打电话 | 1 |
| утга учир | (词组)内容,缘由 | 7 |
| уужим | (形)宽阔的,辽阔的 | 2 |
| уулзалт | (名)会见,会晤,见面 | 9 |
| уур амьсгал | (词组)气氛 | 6 |
| уур хилэн | (词组)气愤,愤怒 | 7 |
| уурсах | (动)生气,发火 | 7 |
| уут(ан) | (名)袋子 | 4 |
| ууц(н) | (名)荐骨,骶骨 | 11 |
| ухаарах | (动)明白,了解,觉悟 | 4 |
| ухасхийх | (动)猛然向前 | 2 |
| уцаарлангуй | (形)烦躁的 | 15 |
| уцаарлах | (动)烦躁,不耐烦 | 13 |

| | | |
|---|---|---|
| учиг | (名)原因,线索 | 3 |
| уяа(н) | (名)拴马桩,拴马系绳 | 2 |
| уянгат | (形)悦耳的,有韵调的,抒情的 | 11 |
| уях | (动)系上 | 11 |
| үе тэнгийн | (词组)同辈的,同代的 | 13 |
| үерхэл | (名)与同辈人交往,友好 | 3 |
| үзүүр | (名)尖,尖端,顶端 | 11 |
| үзэл | (名)观点,见解,思想,主义 | 8 |
| үзэн ядах | (词组)厌恶,仇视 | 4 |
| үйл | (名)事业,苦难遭遇 | 2 |
| үйлстэн | (名)做……事的人,事业家,活动家 | 4 |
| үйлчлэх | (动)服务,招待,照应 | 9 |
| үлгэр дууриал | (词组)榜样,示范 | 12 |
| үлдэгсэд | (名)幸存者,留下的人(复) | 8 |
| үлдээх | (动)(үлдэх的使动态)使剩下,使留存下来 | 11 |
| үнс(н) | (名)灰,灰烬 | 10 |
| үнсэх | (动)亲吻 | 8 |
| үнэртэх | (动)散发气味,嗅 | 5 |
| үр | (名)种子,子女 | 2 |
| үргэлж | (副)经常,常常 | 4 |
| үргэлжлэх | (动)持续,延续 | 4 |
| үргээх | (动)恐吓,吓跑,驱散 | 3 |
| үсрэх | (动)跳 | 12 |
| үүлдэр | (名)种,品种 | 12 |
| үүр цайх | (词组)破晓 | 8 |
| үүрэх | (动)背负,担当 | 4 |
| үүсгэх | (动)制造出,使产生 | 11 |

| | | |
|---|---|---|
| үхэх | (动)死 | 8 |

# X

| | | |
|---|---|---|
| хаагуур | (副)哪一带 | 10 |
| хаалгач | (名)守门员 | 13 |
| хаачаад | (动)去哪里(是 хаа 加 очоод 的紧缩形式) | 8 |
| хавцал | (名)峡谷,山沟 | 10 |
| хавчуулах | (动)使夹住,使钳住 | 6 |
| хавь | (名)附近,四周,旁边 | 2 |
| хагалгаа(н) | (名)开刀,手术 | 9 |
| хад(н) | (名)岩石 | 2 |
| хадаас(ан) | (名)钉子 | 4 |
| хадах | (动)钉上,钉住,缝上,割,收割 | 4 |
| хадгаламж | (名)存款,储蓄 | 14 |
| хадгалах | (动)保存 | 11 |
| хазаар | (名)马嚼子,辔头 | 11 |
| хазайх | (动)倾斜 | 15 |
| хазах | (动)咬 | 3 |
| хайгуул | (名)勘探 | 9 |
| хайгуулын анги | (词组)勘探队 | 9 |
| хайрлах | (动)爱,爱惜,疼爱 | 9 |
| хайрхан | (名)山岳(敬语) | 14 |
| хайрцаг (н) | (名)小箱子,小盒子,匣子 | 9 |
| хайчлах | (动)剪,剪断 | 11 |
| халаа(н) | (名)轮班,换班 | 11 |
| халаас (н) | (名)衣兜,衣袋 | 9 |
| халагдах | (动)被辞退,被更换 | 14 |
| халамжлах | (动)关怀,照顾 | 13 |

| | | | |
|---|---|---|---|
| халбалзах | (动)宽大或肥大物频频动作 | | 14 |
| халгаах | (动)使靠近 | | 13 |
| халиу(н) | (名)水獭 | | 14 |
| халих | (动)飞翔 | | 12 |
| халтар | (形)脏的,有污点的 | | 2 |
| халуун ногоо | (名)辣椒 | | 12 |
| хальслах | (动)去皮,削皮 | | 5 |
| хамах | (动)收拢,聚拢 | | 14 |
| хангалттай | (形)满足的,令人满意的,足够的 | | 9 |
| хандуулах | (动)使转向……,使对着…… | | 9 |
| ханхайх | (动)变宽大 | | 10 |
| ханхлах | (动)散发气味,气味扑鼻 | | 1 |
| ханш | (名)行情 | | 14 |
| харайх | (动)跳越 | | 15 |
| харамсах | (动)为……感到遗憾 | | 2 |
| харилцаа | (名)交往,关系 | | 3 |
| хариу барих | (词组)回报,报答 | | 12 |
| хариулт | (名)回答,答复,找钱 | | 12 |
| хариуцлага | (名)责任,责任感 | | 14 |
| хармаа(н) | (名)口袋,兜 | | 13 |
| харуй буруй | (词组)天色昏暗,黄昏 | | 7 |
| харуул | (名)刨子 | | 14 |
| харц | (名)视线,目光 | | 2 |
| харш | (形)宫殿 | | 12 |
| хатавч | (名)门框的合页,门梃 | | 14 |
| хатагтай | (名)女士,太太,夫人 | | 6 |
| хатгах | (动)刺,戳 | | 5 |

| | | |
|---|---|---|
| хатирах | (动)(马)颠跑,快步走 | 11 |
| хатуурах | (动)变硬 | 5 |
| хачин | (形)奇怪的 | 8 |
| хашгичих | (动)不停叫喊 | 14 |
| хиймэл | (形)人工的,人造的 | 6 |
| хийц | (名)结构,外形 | 14 |
| хиргүй тунгалаг | (词组)纯洁无暇的 | 3 |
| хичнээн | (代)何等 | 2 |
| ховдог | (形)贪婪的,贪吃的 | 8 |
| хогшил | (名)家具,物件 | 14 |
| хоёул | (名)两个 | 9 |
| хойгуур | (副)在北方,在后面 | 12 |
| хоймор | (名)(蒙古包内的)北面,上座 | 14 |
| хойморсог | (形)上座的,受尊敬的 | 14 |
| хоккей | (名)冰球,曲棍球 | 13 |
| холцрох | (动)剥落,脱落 | 14 |
| хонгил | (名)山洞,走廊,隧道 | 15 |
| хооллох | (动)吃饭 | 12 |
| хооронд | (后·副)在……之间 | 10 |
| Хорвард | (人名)霍华德 | 13 |
| хорвоо | (名)人间,人世,世界 | 2 |
| хорвоо | (名)人间,世界 | 12 |
| хориглох | (动)劝阻,禁止 | 12 |
| хорих | (动)阻拦 | 10 |
| хорлолт | (形)伤害,祸害,杀害 | 5 |
| хором | (名)一瞬间,刹那 | 7 |
| хорон | (形)恶毒的 | 8 |

| | | |
|---|---|---|
| хороо(н) | (名)区,区域,围栏 | 12 |
| хорхой | (名)虫子 | 3 |
| хорхойтой | (形)爱好……的,迷恋……的 | 13 |
| хотойх | (动)陷下去,压弯 | 15 |
| хошин яриа | (词组)笑话 | 8 |
| хөвгүүн | (名)儿子,男孩 | 10 |
| хөвч | (名)弦 | 11 |
| хөг | (名)羞耻,丑事 | 8 |
| хөгжим | (名)音乐,乐器 | 6 |
| хөгжөөх | (动)使开心,逗人乐,插科打诨 | 8 |
| хөгшин | (形)年老的,年长的 | 9 |
| хөгшчүүл | (名)老人们 | 12 |
| хөдөлмөрлөх | (动)劳动 | 6 |
| хөлслөх | (动)出租,租借 | 1 |
| хөнгөн атлетик | (名)田径运动 | 13 |
| хөндийрүүлэх | (动)使变空,腾空 | 15 |
| хөөрөх | (动)上升,升起,兴奋,振奋,欢乐 | 1 |
| хөөртэй | (形)兴奋的,振奋的 | 9 |
| хөөрхий | (形)可怜的 | 2 |
| хөөрхөн | (形)可爱的 | 7 |
| хөөх | (动)赶,驱赶,追逐,追赶 | 2 |
| хөөх | (动)驱赶 | 7 |
| хөрөнгөжих | (动)积累财富,资本化,变富有 | 2 |
| хөрөнгөтөн | (名)资本家,资产阶级 | 8 |
| хөрөөдөх | (动)锯 | 11 |
| хөрс (н) | (名)土壤,地表,草皮 | 10 |
| хөрш | (名)邻居 | 7 |

| | | |
|---|---|---|
| хөтлөх | (动)牵行,带领 | 9 |
| хөтөч | (名)导游 | 5 |
| хөх няц | (词组)青肿 | 11 |
| хөших | (动)变僵硬 | 8 |
| хувилгаан | (名)(佛的)转世,活佛 | 10 |
| хувцаслах | (动)穿衣服,穿……的衣服 | 9 |
| хувь | (名)个人,私人 | 9 |
| хугархай | (形)折断的 | 14 |
| хугаслах | (动)分成两半,变得不完整 | 12 |
| худаг | (名)井 | 10 |
| худалдан авагч | (名)购买者,顾客 | 3 |
| хулгайлах | (动)偷盗 | 12 |
| хумс(н) | (名)指甲,爪 | 10 |
| хурах | (动)聚集,汇集 | 3 |
| хуримтлагдах | (动)被聚集,积累 | 3 |
| хурхирах | (动)打鼾 | 1 |
| хуурдах | (动)拉琴,奏弦乐 | 11 |
| хууч | (名)往昔,往事 | 1 |
| хууч хөдлөх | (词组)旧病复发 | 8 |
| хууч хөөрөх | (词组)谈论往事,叙旧 | 1 |
| хуучлах | (动)叙旧,谈往事 | 2 |
| хүж | (名)香 | 3 |
| хүлээлт | (名)等待,接受 | 7 |
| хүмүүн | (名)人(旧蒙文写法) | 3 |
| хүн чанар | (词组)人品,人格 | 3 |
| хүнгэнэх | (动)(打雷、大炮等)轰隆隆响 | 11 |
| хүргэн | (名)女婿 | 6 |

| | | |
|---|---|---|
| хүсэлт | (名)愿望,希望 | 9 |
| хүүрнэх | (动)叙述,陈述 | 8 |
| хүчин | (名)力量 | 9 |
| хүчингүй болгох | (词组)使失效,取消,废除 | 9 |
| хэврэг | (形)脆的,脆弱的 | 3 |
| хэвээр | (副)照常,仍旧 | 15 |
| хэдий ч | (词组)尽管已经…… | 4 |
| хэдийчинээ | (代)多大程度上 | 3 |
| хэдүйд | (副)什么时候 | 11 |
| хэлтэрхий | (名)碎片,裂片 | 8 |
| хэлхээ(н) | (名)一串,一束 | 8 |
| хэмжүүр | (名)测量仪,仪表 | 3 |
| хэмхэрхий | (形)破碎的 | 14 |
| хэнхэг | (形)贪婪的,不知足的 | 13 |
| хэнээрхэл | (名)精神病发作,发狂,狂热 | 8 |
| хэц | (名)陡坡,高地 | 10 |
| хээнцэр | (形)时髦的 | 9 |
| хязгаар | (名)边境,边界 | 11 |
| хялгас | (名)(动物的)鬃毛 | 10 |
| хяналт | (名)审查,监督,监控 | 3 |
| хянах | (动)审查,观察,关注 | 11 |

## Ц

| | | |
|---|---|---|
| цагаа | (名)煮沸的酸乳 | 10 |
| цагдаа | (名)警察 | 5 |
| цалин | (名)薪水 | 1 |
| цангинах | (动)发出金属碰撞声,(人)发出尖细的叫声 | 8 |
| цацраг(н) | (名)射线 | 10 |

| | | |
|---|---|---|
| цент | (名)美分 | 9 |
| цийлгэнүүлэх | (动)使眼泪汪汪 | 7 |
| цог | (名)小火星,火花 | 10 |
| цогцос | (名)躯体 | 5 |
| цом | (名)奖杯 | 13 |
| цонхигор | (形)憔悴的,苍白的 | 8 |
| цоож(н) | (名)锁 | 15 |
| цоорох | (动)破洞 | 14 |
| цохио | (名)峭壁 | 2 |
| цочих | (动)受惊 | 4 |
| цөөрөх | (动)变少,减少 | 4 |
| цөхрөх | (动)疲惫,灰心 | 2 |
| цуврах | (动)排成纵行,排成一串 | 8 |
| цуглуулах | (动)收集,采集,汇集 | 9 |
| цулгай | (形)单一的,平整的 | 10 |
| цус(н) | (名)血,血液 | 10 |
| цэглэх | (动)画上句号,终止 | 9 |
| цэнгэл | (名)愉快,幸福,舒适 | 8 |
| цэцэн | (形)智慧的,英明的 | 14 |
| цээж зураг | (词组)半身照片 | 14 |
| цээр | (名)禁忌 | 10 |
| цээрлэх | (动)禁止,禁忌,忌讳 | 10 |

## Ч

| | | |
|---|---|---|
| чадвар | (名)能力 | 3 |
| чамин | (形)奢华的,时尚的 | 14 |
| чанх | (副)陡直,正,极,完全 | 10 |
| чарлах | (动)尖声叫 | 12 |

| | | |
|---|---|---|
| чармай шалдан | (形)一丝不挂的 | 14 |
| чимэгтэй | (形)有装饰的 | 6 |
| чимэх | (动)装扮,点缀,装饰 | 6 |
| чих тавих | (词组)侧耳(倾听) | 2 |
| чихэрлэг | (形)甜的 | 3 |
| чуулган | (名)会议 | 11 |
| чухалчлах | (动)强调 | 9 |

## Ш

| | | |
|---|---|---|
| шавар | (名)泥 | 12 |
| шавхай | (名)泥泞,泥巴 | 12 |
| шавьж | (名)昆虫 | 3 |
| шал | (名)地板 | 2 |
| шал | (副)完全地,全然地 | 6 |
| шалавхан | (形)较快的,较敏捷的 | 9 |
| шаламгайлах | (动)变迅速,变麻利 | 15 |
| шалгуур | (名)标准 | 3 |
| шалтаг | (名)理由,托词 | 6 |
| шалтгаан | (名)理由 | 1 |
| шанага | (名)大勺,长柄勺 | 10 |
| шаналах | (动)悲痛,忧愁 | 13 |
| шаналгаа | (名)悲痛,愁苦 | 8 |
| шаналгах | (动)使悲痛 | 8 |
| шанд | (名)泉 | 10 |
| шантрах | (动)卷刃,变钝,失望,绝望,意志消沉 | 6 |
| шарах | (动)炸,煎,烤 | 10 |
| шаргуу | (形)顽强的,坚韧的 | 7 |
| шархтах | (动)负伤,受伤 | 5 |

| | | |
|---|---|---|
| шахуу | (后)差不多,几乎 | 7 |
| шивнэлдэх | (动)相互窃窃私语 | 14 |
| шивнэлт | (名)耳语 | 14 |
| шивнэх | (动)耳语 | 6 |
| шиврэх | (动)下(小雨) | 10 |
| шивэгчин | (名)女仆 | 11 |
| шигтгээ(н) | (名)镶嵌物,嵌饰物 | 6 |
| шийтгэх | (动)惩罚,处分 | 4 |
| шилдэг | (形)优秀的 | 3 |
| шилжих | (动)转移,搬迁 | 14 |
| шилжүүлэх | (动)使转移,调动 | 8 |
| шингэн | (形)稀的,淡薄的,稀疏的,液体的 | 2 |
| шингэн | (形)稀的,淡薄的 | 3 |
| шинж | (名)特征,特性 | 9 |
| шир | (名)皮,兽皮,皮革 | 11 |
| ширвэх | (动)斜视,横扫了一眼 | 12 |
| ширлэх | (动)用皮革包紧、裹紧 | 11 |
| ширтэх | (动)盯着 | 8 |
| ширхэг | (名)个,份,只,支 | 8 |
| шляп | (名)礼帽,呢帽 | 14 |
| шоолох | (动)讥笑,嘲笑 | 6 |
| шоолуулах | (动)让愚弄,让嘲弄 | 12 |
| шорвог | (形)咸的 | 6 |
| шороо(н) | (名)土,土壤 | 10 |
| шош | (名)豆,豆角 | 12 |
| шөнөжин | (副)整夜 | 12 |
| шумбах | (动)沉没,潜水,沉溺 | 3 |

| | | |
|---|---|---|
| шумуул | (名)蚊子 | 3 |
| шунахай | (形)贪婪的,贪吃的 | 8 |
| шуугилдах | (动)吵嚷,喧闹 | 14 |
| шуурга | (名)暴风 | 10 |
| шүршлх | (动)喷洒 | 6 |
| шүүр | (名)笤帚 | 14 |
| шүүрдэх | (动)清扫 | 14 |
| шүүрхий | (形)夹生的,半生的 | 12 |
| шүүс(н) | (名)汁,浆 | 12 |

## Э

| | | |
|---|---|---|
| эвгүйцэл | (名)变得不和睦,变得不称心 | 1 |
| эвдэрхий | (形)破碎的,残缺不全的 | 14 |
| эвлэх | (动)和好,和解 | 15 |
| эвтэй | (形)和睦的,友好的,融洽的 | 6 |
| эгнээ(н) | (名)排,行 | 11 |
| эгц | (形)陡峭的 | 2 |
| эгшиглэнт | (形)(声音)优美的,悠扬的 | 11 |
| эгшигт | (形)(音律)和谐的 | 11 |
| эд анги | (词组)部件,零件 | 3 |
| эдгэшгүй | (形)无法医治的 | 9 |
| эелдэг | (形)温和的,和气的 | 15 |
| эзгүй | (形)无主人的,……不在的 | 5 |
| эзэн | (名)主人 | 11 |
| эзэнт гүрэн | (词组)帝国,君主国 | 11 |
| элдэв | (形)各种各样的 | 3 |
| элсэрхэг | (形)多沙的 | 10 |
| элэгдэх | (动)用坏,磨损 | 7 |

| | | |
|---|---|---|
| эмгэн | (名)老奶奶,老妇人 | 2 |
| эмгэнэл | (名)悲哀,悲痛 | 5 |
| эмзэг | (形)娇弱的,易碎的 | 3 |
| эмзэглүүлэх | (动)使感到疼痛;使变得脆弱,使变得敏感 | 1 |
| эмийн санч | (名)药剂师 | 9 |
| эмтлэх | (动)弄出豁口 | 12 |
| эмээл | (名)鞍 | 11 |
| энгэр | (名)衣襟,胸襟 | 1 |
| энгэр | (名)胸襟,怀 | 12 |
| эндэх | (形)这里的,当地的 | 15 |
| энүүхэн | (代·副)很近(的),眼前(的) | 15 |
| Энхээ | (人名)恩和 | 4 |
| эрдэнэ | (名)宝物,珍宝 | 11 |
| эрийн цээ(н) | (词组)成年年龄 | 2 |
| эрх | (名)权力 | 11 |
| эрхтэн | (名)器官 | 13 |
| эрчим | (名)力量,能量 | 3 |
| эрчлэх | (动)显得强悍 | 10 |
| эрэвгэр сэрэвгэр | (词组)多枝杈的,蓬乱的 | 14 |
| эрээн | (形)花色的 | 14 |
| эсэх | (后)非,否 | 4 |
| эх(н) | (名)初始,源头 | 11 |
| эцэс | (名)结尾,结果 | 6 |
| ээлж | (名)班,轮班,更换,次序 | 11 |
| ээх | (动)晒,烘,烤 | 8 |

# Я

| | | |
|---|---|---|
| яаралтай | (形)紧急的,急忙的 | 6 |

| | | |
|---|---|---|
| яарах | (动)急忙,匆忙 | 8 |
| яах аргагүй | (词组)毫无办法,的的确确 | 4 |
| ядах | (动)无法,不能 | 8 |
| ядуу | (形)穷的,贫穷的 | 1 |
| ялаа | (名)苍蝇 | 3 |
| ялгаварлах | (动)辨别,区别 | 8 |
| ялзрах | (动)腐烂 | 4 |
| ямархуу | (形)是什么样的,什么的 | 5 |
| янаглах | (动)爱,爱慕,喜爱 | 11 |
| яндах | (动)用容器计量 | 3 |
| янцгаах | (动)马嘶 | 11 |
| ярайх | (动)显露,闪烁 | 8 |
| ярвагар | (形)傲慢的 | 14 |
| ярвайх | (动)做出傲慢的样子 | 14 |
| ... (хэн) -ий хувьд | (词组)对于……来说 | 12 |